毎日のうつわ

遠藤文香

日本文芸社

えらぶ
つかう
楽しむ

はじめに

この本では、料理や暮らしを楽しみたいと思っている女性のために、手頃で、機能的で、料理が映えるうつわを紹介しています。すべてのうつわは私が欲しい、と思ったもの。シンプルだけれど、上質で、いつまでも飽きのこないものを選びました。価格は２０００〜５０００円が中心で、気軽に普段づかいができるうつわばかりです。実際に料理を盛り付けた、テーブルコーディネートもたくさん紹介しています。

この本を見て、「自分の家にも欲しい」「コーディネートを真似してみたい」と思っていただけたらうれしいです。あなたのお気に入りのうつわがどうぞ見つかりますように。

フードスタイリスト　遠藤文香

Contents

表紙のうつわ（P１・裏表紙）
(大皿) 粉引《こひき》リム皿·喜多村光史作·各8400円·径25㎝、(取り皿) 粉引《こひき》細リム取り皿·喜多村光史作·各3150円・径16㎝、（小皿）粉引《こひき》どら鉢・喜多村光史作・各2625円・径11.5×高さ2.5㎝、（箸）箸rikyu·富井貴志作·2100円、（急須）皹《ひび》化粧ポット·橋本忍作·12600円·径10×高さ11.5㎝、（湯のみ）皹《ひび》化粧カップ·橋本忍作·各3150円·径8.8×高さ6.8㎝／以上すべて、うつわ謙心　（中鉢）林檎《りんご》灰釉《ばいゆう》鉢・寺村光輔作・3360円・径20×高さ5.5㎝／千鳥　（めし碗）粉引《こひき》飯碗・稲吉善光作・各1890円・径12.5×高さ6.3㎝／田園調布いちょう　（汁椀）メープル小萩《こはぎ》汁椀・㈱三義漆器店・各2730円・径11×高さ6.7㎝／クイジーヌ・ハビッツ 恵比寿店
（裏表紙・小鉢）玉白磁《たまはくじ》八角鉢・新道工房・3675円・12.2×10.2×高さ４㎝／田園調布いちょう

Part 2

Part 3

Part 4

のうつわは、同じものでも色、柄、形が微妙に異なるため、掲載したうつわとまったく同じものが取り扱い店にあるとは限りません。ご了承ください。

●商品名および読み方については取り扱い店や作家のつけた名称を優先しているため、同じ用語でも異なる読み仮名をふっている場合があります。

【料理】

●材料は特別な表記がない限り２人分です。

●大さじ1は15㎖、小さじ1は5㎖、1カップは200㎖、1合は180㎖、1㎖＝1ccです。

●電子レンジは出力600Wを基準にしています。加熱時間は目安ですので、様子を見ながら加熱してください。

Part 5 うつわの買い方扱い方

この本の表示について

【うつわ】

●うつわについての説明は「商品名・作家名・価格・サイズ／ショップ名」の順になっています。作家名がないものもあります。

●著者が使用感に即して分類したため、商品名とPart1での項目（中鉢・深皿など）が異なる場合があります。

●うつわの価格はすべて税込です。（2010年12月現在）

●サイズはすべてセンチメートルで表示しています。手作りのうつわのため、同じ種類のものでもサイズは多少異なることがあります。

●掲載したうつわは品切れの場合もあります。また、手作り

朝ごはん

忙しい朝も、お気に入りのうつわで
心豊かな朝ごはんの時間に。
手に取ったうつわのやさしい感触が、
幸せな気持ちを運んでくれます。

 うつわの紹介と料理のレシピはP180

昼ごはん

休日のランチは
テーブルをかわいくコーディネート。
とっておきのうつわを並べたら、
ハッピーな午後が始まります。

うつわの紹介と料理のレシピはP181

晩ごはん

1日を終えて帰ってきたら、
ほっこりあたたかいうつわで晩ごはんを。
お気に入りのうつわは
食事をいっそうおいしくしてくれます。

うつわの紹介と料理のレシピはP182

おやつ

お茶の時間はうつわの時間。
大好きなうつわを楽しむひととき。
手になじむカップでお茶を飲めば、
心の底からリラックス。

15 うつわの紹介と料理のレシピはP183

ホームパーティ

テーブルに並ぶたくさんのうつわが
お客様を迎えます。
楽しい気分を盛り上げる、
パーティの大切な脇役たち。

うつわの紹介と料理のレシピはP.184

晩酌

小さなうつわにおつまみを盛り、
好きなお酒を飲む幸せ。
うつわの力がお酒の時間に
格別な心地よさを与えてくれます。

うつわの紹介と料理のレシピはP185

うつわの使い方はいろいろ。

Part 1

普段づかいのうつわ

まずは、使い回しのできる
基本のうつわを紹介します。
愛着を持って、長く使える、
シンプルなうつわを集めました。

Part1

1

基本のうつわ

うつわって、いいな

はじめての一人暮らしで、小さなワンルームの食器棚に並んだのは、全て実家の母が揃えてくれたうつわでした。まだ、うつわに対するこだわりなんて、何もありませんでした。

それから、まずは料理をすることが好きになりました。そして、うつわにも徐々に興味を持ち始めたある日、ある作家さんの個展にたまたま立ち寄ったのです。そこで一枚の白磁の皿を目にしたのが「うつわっていいな」と感じた最初の瞬間でした。

その皿を手にたたずむこと数十分!!　手にしたときの感触やさりげないデザインに魅せられて、結局そのうつわを手に入れました。

作家さんのうつわを購入したのもそのときがはじめてで、25歳でした。5000円ほどしたそのうつわを買うのには、とても勇気がいったことを覚えています。
　そのうつわは本当にオールマイティで、ししとうをグリルしたものを盛っただけでも絵になるし、カラフルなマカロンを並べてもかわいい。買ってからずいぶん経ちましたが、今も大切に使っています。

好きなうつわに出合うことから

　うつわ選びは好きだと思えるうつわに出合うことから始まります。そんなうつわに出合えたら、今度はのせる料理を想像しましょう。うつわはやはり料理あってのものですから。

　自分の好きなうつわでおいしいものを食べる。とても幸せなひとときです。あなたも、お気に入りのうつわ、見つけてくださいね。

選び方のポイント9

まずはじめに、どんなものを、どのくらい揃えたらいいのかを、9つのポイントに絞って紹介します。

Point 1 自分の好みをまず知ろう

長く愛着を持ってうつわを使うためにいちばん大切なのは、自分が好きだなと感じるうつわを選ぶこと。あたたかみのある質感が好きなのか、透明感のあるシャープな感じが好きなのかなど、まずは自分の好みを知りましょう。

自分の好みのテイストを自覚すると、いろいろなアイテムを揃えていくときに自然と統一感が生まれるものです。そうなれば、テーブルコーディネートもしやすくなります。

①

②

③

④

⑤

めし碗ひとつとっても、陶器と磁器、色や柄のあるもの、ないものと印象はさまざま。お気に入りを見つけましょう。

①緑釉彩花《りょくゆうさいか》 ゆすら梅飯碗・2310円・径12×高さ7.5㎝／私の部屋 自由が丘店　②波に千鳥飯碗・新道工房・3150円・径11×高さ5.5㎝、③灰釉線文《はいゆうせんもん》飯碗・阿南維也作・2625円・径11.5×高さ6㎝、④三島飯碗・増田勉作・3150円・径12×高さ6㎝、⑤粉引《こひき》飯碗・十河隆史作・2310円・径12×高さ6㎝／②～④はすべて、千鳥

Point 2 めし碗、汁椀、皿3枚をまず揃えよう

最初に揃えたいうつわはめし碗、汁椀、主菜用のうつわ、副菜用のうつわ、取り皿の5点。これだけあれば、毎日の食事に幅広く対応できます。基本のうつわになるので、飽きのこない、シンプルなものを選ぶと多目的に使えて重宝します。

すでに持っているものがあれば、それに合わせてほかのものを揃えると統一感が出て使いやすいでしょう。

まずは基本の5点セットがあればOK。

Point 3 めし碗、汁椀は手触り、大きさを重視して

和食器のいいところは、手に持って肌触りを楽しめるところ。特に、めし碗、汁椀は食事中に手に持つことが多いうつわですから、しっくりと手になじむ、自分好みのものを探したいですね。見た目の印象と持ったときの重さがあまり違わないものが使いやすくておすすめです。

また、大きさも重要なポイント。自分や家族の食べる量に合った大きさのものを選びましょう。

両手で持って、手触りや大きさをチェック。

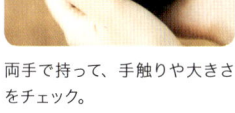

Point 4 主菜用のうつわは いろいろな料理に 合うものを

大きさは六～八寸（18～24㎝）のものがいいでしょう。白っぽい色のものだといろいろな料理に合わせやすく、おすすめです。一人分のおかずを盛るのはもちろん、パスタやカレー、オムライスなどのワンプレート料理や数種のおつまみを盛るなど、さまざまな使い方ができるものが便利です。

全く違うタイプの料理にも対応できるうつわがおすすめ。

Point 5 副菜用のうつわは 高さや形などで 遊んで

副菜用のうつわは、形や色、柄で遊べるアイテム。小鉢などの高さがあるものは、食卓のアクセントになります。片口のうつわなどの形に特徴のあるものを副菜用のうつわとして使っても、食卓が楽しげな雰囲気になります。ほかのうつわとのバランスをみて、自分らしいものを選んでみましょう。

ちょっぴり個性があるうつわで食卓にアクセントを。

Point 6 取り皿は 浅い皿と深い皿の 2種類あると便利

四～六寸（12～18㎝）くらいが使いやすい大きさです。平たいものと汁が入るものの2種類あると、いろいろなシーンに対応できます。たとえば、平皿はケーキなどのお菓子に、深さがあるものは鍋料理の取り分けなどにも使えます。お客様用に数を揃えておいてもいいですね。

場所をとらない小さいうつわは、少し多めに揃えても。

Point 7　まずは2個ずつ、気に入ったら買い足しても

「五客一組」とよく聞きますが、一人暮らしや二人暮らしの場合は、収納場所もなく、出番もあまりありません。気に入ったものを見つけたら、まずは2個ずつ買ってはどうでしょうか？　家族が増えたり、気に入った場合は、また買い足しても。いきなりたくさん買うより無難です。

自分の好みで揃えると、2客ずつ揃えても統一感が出ます。

※めし碗や汁椀、カップなどのうつわは「客」とも数えます。

Point 8　自分の家のテーブルの色や素材と合うものを

食事をとるテーブルは、いつもうつわをのせる場所。だから、うつわを選ぶときに、相性をイメージしてみましょう。木目の強いダークな色のテーブルなら、どっしりした陶器を、白木の明るい色のテーブルなら、繊細な磁器を合わせる、というように。食卓がぐんとまとまります。

うつわを選ぶときは、テーブルとの相性も考えましょう。

Point 9　ライフスタイルに合ったうつわを見つけましょう

暮らしの中で出番の多いうつわは、使いやすいうつわということ。具体的に生活のどんな場面で使えるか、どんな使い方ができるかを考えて選びましょう。「いいな」と思えるうつわが見つかったら、よく作る料理を思い出して、そのうつわに盛った様子をイメージしてみると、失敗が少ないはず。

また、収納場所も大きな問題です。重ねられるか、取り出しやすい場所にしまえるかも考えましょう。いろいろな料理に対応できて、収納しやすく扱いやすいうつわが、使用頻度の高いうつわになります。

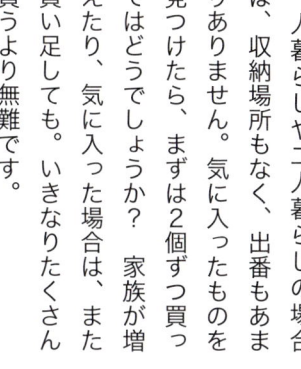

Meshiwan

①

めし碗

めし碗は登場回数が多いので、特にこだわって自分らしいうつわを探したいですね。持ちやすく、手になじむ大きさ、形、重さのものがベスト。テーブルに置いたときの安定感、ご飯がおいしく見える色合いも大切なポイントです。

①刷《は》毛《け》目《め》粉《こ》引《びき》飯碗（大）・作山窯・1575円・径12.5×高さ7㎝／monsen

②

③

②鉄釉《てつぐすり》のブラウンと灰釉《はいぐすり》のグレー、重なった部分がさらに微妙な色に変化して模様を作り出しています。シャープな形と相まって、ちょっとモダンな印象。　飯碗・木曽志真雄作・3675円・径11.5×高さ7㎝／SHIZEN

③ふたのあるうつわは、熱を逃さず、開けるときの楽しみもあって、おもてなしに一役かってくれます。織部《おりべ》の点々を散らした模様もキュート。　点文《てんもん》蓋《ふた》付《つき》向付《むこうづけ》・有松進作・6300円・径11.5×高さ7㎝／田園調布いちょう

⑥　④

⑦　⑤

⑥どっしりしていますが、軽くて心地よく手に収まるめし碗。錆巻《さびま》きが粉引《こひき》の白を引き締め、民芸のような力強さも秘めています。　粉吹錆巻《こふきさびまき》飯碗・安江潔作・2520円・径11.5×高さ6㎝／暮らしのうつわ 花田

⑦淡い色合いで描かれた和の花がなんともかわいらしい。ティーボウルや小鉢としても。　花ことばの陶碗（右・山茶花《さざんか》／左・桔梗《ききょう》）・room+J design&勲山窯・各1995円・径11×高さ8㎝／代官山 暮らす。 by room+J design

④北欧テイストのシンプルなボウルは、木のうつわと合わせてもしっくりきます。小丼、スープボウルにもなる大きめサイズ。　Bowl（白）・牛尾範子作・5040円・径15×高さ6.5㎝／田園調布いちょう

⑤石のようなシックで落ち着いた色合いと、縁にそって描かれた象嵌《ぞうがん》の繊細なラインが、凛とした品のよさを感じさせます。内側には鉄で描かれた鳥の絵が。　鉄絵《てつえ》飯碗・増田勉作・2730円・径13×高さ7㎝／SHIZEN

めし碗

①縁の部分が折り返してあるので、口当たりがよく丈夫。深さもあり、お茶漬けにもぴったり。シンプルな絵柄もほのぼのとした表情。　玉ブチ 深碗《ふかわん》・砂田政美作・各2940円・径12.5×高さ8.5㎝／うつわ楓　②大・中・小があり、少しずつ唐子《からこ》の絵柄が違うシリーズ。写真の中サイズは、女性の手にちょうどいい小さめサイズ。　染付《そめつけ》唐子《からこ》めし碗（中）・新道工房・3150円・径10.8×高さ5㎝／うつわ謙心　③思いついたものを気ままに描いたような、遊び心溢れる絵柄と筆使いに心がなごみます。一つ一つ違う手描きのうつわは、選ぶのも楽しみ。唐津《からつ》焼の半磁器です。　飯碗・岡晋吾作・各5250円・径11×5.5㎝／うつわ楓

④黄釉《おうゆう》のムラや溜まりの具合がおもしろく、どこか懐かしい心あたたまる黄色が魅力。　黄釉《おうゆう》飯碗・稲吉善光作・1890円・径12×高さ6㎝／うつわ屋kiki　⑤しっとりとした粉引《こひき》に、細いラインが端正に施されています。ニュアンスのある白が素敵。　線刻《せんこく》飯碗（小）・市野雅利作・2100円・径11×高さ6㎝／ K's table　⑥女性だったらこんなめし碗も一つ欲しくなるもの。黒に小さなドットで程よい甘さ。　黒ドット茶碗・余宮隆作・2100円・径12×高さ6㎝／ K's table　⑦口縁《こうえん》のわずかな反りがポイント。あたたかみがあり、栗や豆など季節の炊き込みご飯なども似合いそう。　碗・安達健作・3000円・径14×高さ5.5㎝／ Promenade

Shiruwan

①

汁椀

オーソドックスなものからモダンなものまで、さまざまなタイプが揃います。漆や木工は使えば使うほど味わいが出るので、愛着を持って長く使えるものを選びましょう。みそ汁だけでなく、洋風のスープや鍋料理の取り分けなど、いろいろな料理に活用したいですね。

①めいぼく椀 けやき・3150円・径11.5×高さ6.8㎝／薗部産業㈱

②

③

②カナダ産のメープルを日本で丹念に手作りしています。安全な塗装をしっかり施してあるので、水分が染み込む心配もなく安全。　メープル小萩《こはぎ》汁椀・㈱三義漆器店・2730円・径11×高さ6.7㎝／クイジーヌ・ハビッツ 恵比寿店

③漆を何度も重ね塗りすることで、深い色合いと艶やかな光沢が生まれます。なめらかな曲線を描いた、上品で美しい形です。　雅型《みやびがた》汁椀 溜塗《ためぬり》、朱塗《しゅぬり》・山中漆器・各2625円・径11×高さ7㎝／うつわSouSou−爽々−

⑥

④

⑦

⑤

⑥きれいなすり鉢状の形と、透明感のあるやわらかなベージュの木地がポイント。人体に無害な、ウレタン塗装を施してあります。　ナチュラリーメープルボウル・㈱三義漆器店・2730円・径12×高さ6.5㎝／monsen

⑦モダンな形にふき漆を施した和洋折衷のお椀。家族で使いたい3点セット。　ふき漆《うるし》スタイル椀 ファミーユセット・10500円・下から、径12.8×高さ7.5㎝、径11.8×高さ6.8㎝、径10.5×高さ6㎝／薗部産業㈱

④最初に揃えたい、昔ながらのオーソドックスなタイプ。定番の形に力強い木目がよく映え、存在感があります。毎朝のおみそ汁はこんなお椀で。　ふつうのよゐ椀 ブナ 漆ぬり・4515円・径12.5×高さ7㎝／薗部産業㈱

⑤寒い時期は温もりが伝わる陶器の汁碗が活躍。きれいな貫入《かんにゅう》と灰釉《はいぐすり》の濃淡がいい味を出しています。鍋の取り分け碗にしても。　汁碗・竹本ゆき子作・2940円・径12.5×高さ6㎝／Promenade

汁椀

①天然木の質のよさとあたたかみが感じられ、木目もやさしい雰囲気です。少し深めのタイプなので、具だくさん汁をたっぷり盛るとおいしそう。　小萩《こはぎ》汁椀・㈱三義漆器店・945円・径11.3×高さ7㎝／monsen　②「テラコッタ」は素焼き鉢の色のこと。赤みをおびたナチュラルな茶色が個性的。すっきりと洗練されたフォルムも魅力。　ナイーフ浅椀《あさわん》 テラコッタ オム・クラフト木の実・1575円・径12.5×高さ6㎝／薗部産業㈱　③手に持つ部分は熱くないように厚く、口縁《こうえん》は薄くして口当たりをよくした伝統の技法。漆の下に透ける木目も美しい。　薄挽桜《うすびきさくら》椀 黒拭漆《くろふきうるし》、朱拭漆《しゅふきうるし》・山中漆器・各3675円・径11×高さ7.5㎝／うつわSouSou−爽々−

④センの木の繊細な木目をそのまま生かしています。木のお椀は、熱いものが冷めにくく、手に持っても熱くないので、実はとても機能的。　お椀（セン）・十勝の木のうつわ 佐々木要作・4410円・径12×高さ7㎝／Ékoca　⑤シックで深みのある色合いは、和のたたずまいのようでありながら、洋風のコーディネートにも馴染んでくれます。　きなり深ボール さくら（大）・3675円・径13×高さ7㎝／薗部産業㈱　⑥高台《こうだい》がないのでボウルとしても使え、食卓で応用がききます。両手で包み込みたくなる丸みをおびたデザインは、容量もたっぷりで実用的。　青灰《あおはい》ボウル・清岡幸道作・2835円・径13×高さ7㎝／SHIZEN

Syusai

①

主菜用のうつわ

あまり個性的ではなく、使い回しのきく白っぽいうつわが使いやすいです。最初に買うのなら、少し汁気のある料理でも大丈夫なように、深さやリム（縁）があるものを選ぶといいでしょう。どんな種類の料理にも対応できる、シンプルなデザインが重宝します。

①マット粉引《こひき》七寸平皿・正島克哉作・2940円・径21×高さ4.5㎝／SHIZEN

②大らかな花の文様をあしらった六寸皿。うっすらとしたベージュが古い時代の淡い黄瀬戸《きせと》を思わせる、とても雰囲気のよいうつわです。　灰釉花文《はいゆうはなもん》六寸皿・新道工房・3780円・径18.2×高さ4㎝／ももふく

③ゆるやかな立ち上がりがあるので、中華などの炒め物や、カレーやパスタなどにもOK。普段づかいの定番として、家族分揃えても。　白釉《はくゆう》七寸浅鉢・関口憲孝作・3675円・径22×高さ5㎝／田園調布いちょう

⑥

④

⑦

⑤

⑥丸を２つくっつけたような独特な形のかわいらしさ、しゃれたアイボリーが目を引きます。アクセントのある白い皿が欲しい人に。　玉白磁《はくじ》丸つなぎ皿・新道工房・5250円・20.5×17×高さ2.5㎝／田園調布いちょう

⑦平らな面が広いので、パスタに限らず、和・洋・中・エスニックと何でも受け入れてくれます。粉雪が降り注いだような素朴な白さです。　粉雪パスタ皿・新谷由香里作・3150円・径23.5×高さ2.5㎝／from the earth

④薄手で繊細に見えますが、電子レンジにも使える優れもの。大きくたわんだ形がユーモラスです。刺身からランチプレートまで想像以上に活躍してくれます。　楕円皿（白）・林拓児作・3150円・28×18×高さ4〜5㎝／l'Outil

⑤やさしくとろみのある白は、作り手のこだわりの色。試行錯誤の末にたどりついた、やわらかな質感にも魅了されます。油染みしないのもうれしいところ。　白釉《はくゆう》五寸皿・岸野寛作・3150円・径16×高さ３㎝／田園調布いちょう

主菜用のうつわ

①薪窯で焼いている間に灰がかかり、炎の力も作用して、こうした豊かな表情が生まれます。自然の力で描かれた複雑な色彩と模様は、見る人を飽きさせず、和のうつわならではの風格が感じられるよう。主菜はもちろん、酒の肴を少しずつ盛り合わせてもおしゃれ。　自然釉《しぜんゆう》角皿・萩原將之作・5250円・20.5×20.5×高さ4㎝／うつわ謙心　②魚皿は数あれど、自分の好きな干物の皿がないのはなぜ？　そこで作家自ら作ってしまったのが、この八角皿。あじの開きを食べるときはぜひこれで。　白磁《はくじ》八角皿・山口利枝作・4725円・22×20×高さ3㎝／うつわ楓

3 作家・長峰さんのプレートは、ヨーロッパのアンティークのような、シックでエレガントな風合いが魅力。貫入《かんにゅう》は焼いた後にどんぐりの渋《しぶ》に浸して色をつけ、仕上げています。　掛分輪《かけわけりん》花《か》プレート・長峰菜穂子作・7350円・径26×高さ4㎝／SHIZEN　4 汁気のある麻婆豆腐などを盛っても、空間を生かして冷や奴のように立体的なものを盛り付けてもよいでしょう。陰影のある花弁の曲線が、まさに料理に花を添えてくれます。　花型《はながた》鉢・角田淳作・5250円・17.5×16×高さ5.5㎝／うつわ屋kiki

Fukusai

副菜用のうつわ

副菜用には遊び心のあるうつわをチョイス。主菜用のうつわとのバランスを見て、高さや形、色などでアクセントをつけましょう。特に、直径が12㎝以下で、深さのある小鉢はおひたしなどの小さなおかずが盛り付けやすく、タイプもいろいろあるので、いくつかあると便利です。

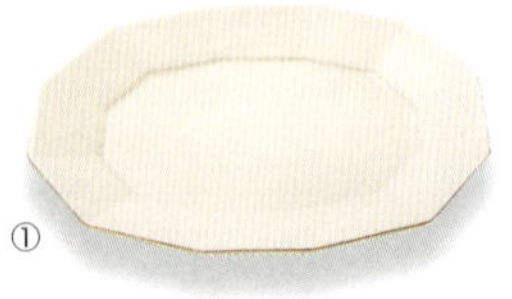

①縁鉄《ふちてつ》楕円皿（中）・安齋新、厚子作・3465円・20×15.5㎝／暮らしのうつわ花田

②内側の白は御《み》影《かげ》土の色。外側は筆で黒釉《くろぐすり》を塗り濃淡をつけています。白と黒の組み合わせ、シャープなフォルムでモダンな雰囲気。　mikage－モノクロスクエアボウル・山本哲也作・3360円・12×12×高さ6.5㎝／うつわ楓

③あえて目立たせたような大きめの注ぎ口のせいか、ちょっとユーモラスに見える片口《かたくち》。口が広く浅めなので、副菜などを盛るのにもうってつけです。　片口《かたくち》・安達健作・4500円・15.5×14.5×高さ6㎝／Promenade

⑥

④

⑦

⑤

⑥ソフトな乳白色は藁《わら》の灰で作った藁灰釉《わらばいゆう》という釉《うわぐすり》によるもの。口縁《こうえん》から注ぎ口のたおやかな線、ふっくらとしたフォルムも作家の持ち味です。　藁《わら》粉《こ》引《ひき》片口《かたくち》小鉢・荒賀文成作・1890円・13.5×11×高さ7㎝／K's table

⑦コロンとした形と、大人っぽいドットが素敵。ザラッとした手触りも味があります。野菜スティックやデザートを盛っても。　ドットカップ（凹／凸）・加藤益造作・各1260円・径8.5×高さ7㎝／器と暮らしの道具OLIOLI

④オープン当初から人気がおとろえない定番の商品。表面全体にごく細かい石つぶが見え、柞灰釉《いすばいゆう》の深く抽象的な色彩に、微妙な表情を与えています。　柞灰釉《いすばいゆう》豆鉢・臼田けい子作・1890円・径10.8×高さ4㎝／うつわ楓

⑤なめらかな菊の花びらのラインが、やさしく女性的な雰囲気の小鉢。細かな貫入《かんにゅう》が歳月を経たような味わいを生み出しています。縁の銀彩《ぎんさい》がアクセントに。　菊小鉢・川口江里作・2526円・径12.5×高さ3㎝／zakka土の記憶

副菜用のうつわ

①葉っぱの形がかわいい、手のひらサイズの美濃《みの》焼の小皿。透明な輝きが美しく、さまざまな表情の変化が楽しめます。　モア 小皿・525円・12.4×11.3cm／monsen　②きれいな正六角形と落ち着いた色合いが、他のうつわとも合わせやすく便利。　青磁《せいじ》六角豆小鉢・安齋新、厚子作・1890円・径8×高さ4cm／暮らしのうつわ 花田　③野に咲く桔梗《ききょう》を模した小鉢は清楚なたたずまい。　白磁《はくじ》桔梗型《ききょうがた》小鉢・村田森作・3150円・径8.5×高さ5cm／utsuwa-shoken onari NEAR　④生地に浮かび上がる文様がポイント。食材が映える上品な青白磁《せいはくじ》。　青白磁《せいはくじ》 陽刻《ようこく》四方《しほう》皿・村田森作・3150円・13.5×11cm／utsuwa-shoken onari NEAR

⑤貫入《かんにゅう》の茶色がひなびた風合いを見せ、骨董のような落ち着いた趣。軽くて扱いやすく、常備菜もいつもと違った一品に。　六角小鉢・川口江里作・3150円・径13.5×高さ6.5㎝／zakka土の記憶　⑥板を反らせたような形が、食卓に変化をつけてくれます。縁を使って天ぷらを立体的に置いたり、おかずを高く盛ったりと、一工夫が楽しい角皿。　粉引《こひき》角皿・遠藤薫作・2100円・一辺15.4×高さ5㎝／手仕事の器キナリノ　⑦「しのぎ」は生地を削り、境目の稜線を際立たせて文様を作る技法で、余宮さんの得意とするところ。何にでも使えるマルチなうつわです。　粉引《こひき》しのぎ盛鉢・余宮隆作・3150円・径16×高さ5㎝／K's table

Torizara

取り皿

取り皿はお客様が来たときにも活躍するうつわ。好みのテイストで自分らしさをアピールしましょう。平皿と少し深さのある皿の2種類を揃えておけば、いろいろな料理に対応できます。取り皿としてだけでなく、副菜用として使っても楽しめます。

①

①粗磁土《あらじど》デルフト皿・照井壮作・2625円・径16㎝／K's table

②

③

②まとまった数が欲しい取り皿はシンプルになりがちですが、ちょっとポイントのあるこんな皿もおすすめ。縁に施された黒い釉《うわぐすり》の流れがおしゃれです。　白黒縁《しろくろぶち》五寸鉢・楠田純子作・2310円・径15×高さ4.5㎝／うつわ屋kiki
③真ん中からくるりと渦巻く刷毛目《はけめ》の皿は、大胆でありながらどこかやさしげ。大小のひび、黒い鉄点《てつてん》や釉《うわぐすり》の溜まりも味わいがあります。　刷毛目《はけめ》六寸皿・馬渡新平作・2940円・径18×高さ3㎝／器と暮らしの道具OLIOLI

⑥

④

⑦

⑤

⑥こうした色絵の皿があると、テーブルコーディネートが華やかに。黄色と金で雀の絵が描かれたかわいい小皿は、明治前期のもの。手頃な値段もうれしい。　明治前期色絵《いろえ》雀《すずめ》図《ず》小皿・1800円・径12㎝／吉祥寺PukuPuku

⑦角度により色味が変わるルリ色。白でもグレーでもない釉《うわぐすり》だけが作り出せる柞灰《いすばい》色。２色一緒に使うとさらに美しさが際立ちます。　四寸段皿《だんざら》（上）ルリ釉、（下）柞灰釉《いすばいゆう》・ともに臼田けい子作・各2100円・径12×高さ3.5㎝／うつわ楓

④くぬぎの渋に３日間浸して貫入《かんにゅう》をつけています。ふたつとして同じ模様がないのも魅力。四角い形と立体感が、食卓のポイントになります。　白渋《しろしぶ》角鉢・クロノユキコ作・1890円・11.5×11.5×高さ４㎝／K's table

⑤美しい艶感と深みのある焦げ茶色に、野菜の色が映える一枚。自然に余白ができるフォルムなので、料理を盛り付けてもかっこよく決まります。　飴釉《あめゆ》六寸深皿・山本泰三作・3045円・径16.3×高さ3.5㎝／QupuQupu

取り皿

①五彩《ごさい》の色鮮やかな色絵《いろえ》に定評のある作家・坂場さん。微妙な表情のサギを黄・緑・赤で描いた小皿は、端正な美しさの中にもかわいらしさが。　色絵《いろえ》サギ文五寸稜花皿《りょうかさら》・坂場圭十作・3990円・径15×高さ2.5㎝／宙SORA　②①と同じ作家とあって、独特の色合いが目を引きます。バランスよく空間をとり、艶っぽい筆使いで描かれた芥子《けし》の花文も上品。　色絵《いろえ》稜花《りょうか》芥子《けし》花文《はなもん》皿・坂場圭十作・3990円・径15×高さ3㎝／陶磁セレクションOHANA　③②と同じタイプの柄違い。四方と中央に花文を配した小皿は、和洋どちらにも合います。　稜花《りょうか》四方《よほう》花文《かもん》皿・坂場圭十作・3990円・径14.5×高さ3㎝／陶磁セレクションOHANA

④やわらかなクリーム色の見込《みこ》みに浮かんだ、鳥や植物の文様が印象的。骨董のような味わい。　鳥象嵌《ぞうがん》小鉢 四寸・田谷直子作・2310円・径12㎝／zakka土の記憶　⑤全体に刷毛目《はけめ》を施した「総刷毛目《そうはけめ》」の技法が施されています。しっかりとした造りで丈夫。　刷毛目《はけめ》四寸皿・増田勉作・1470円・径13㎝／千鳥　⑥丸でも四角でもない「プラス」の皿。取り皿も、こうした変化球で遊びを取り入れて。　刷毛目《はけめ》プラス皿（中）・正島克哉作・1575円・12×12㎝／SHIZEN　⑦李朝《りちょう》陶磁を思わせる風情で、小ぶりながら存在感あり。少し深いので使い勝手もよし。　三島縮緬《ちりめん》小皿・志村睦彦作・3150円・径12.5㎝／zakka土の記憶

Part1
2

あると便利なうつわ

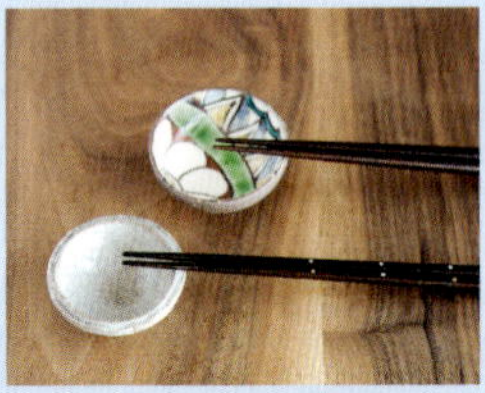

おもてなしにも使える鉢、深皿

友人を家に呼んで一緒にごはんを食べるのは、とても楽しいですよね。私もたくさん料理を作って、みんなでわいわい食べるのが大好きです。そんなときに活躍するのが鉢や深皿。おもてなしに活用できて、普段の食卓のアクセントにもなるものがおすすめです。

基本のうつわは白っぽいシンプルなもののほうが使い回しができていいけれど、鉢や深皿は少し冒険してみるのも楽しいもの。私は思い切って色のあるうつわを選んでいます。

使い勝手のいい豆皿、そばちょこ

大好きなうつわといえば、豆皿とそばちょ

こ。最近は雑貨屋さんでも出合えて、かわいい柄のものもいっぱい。値段も比較的手頃で、気に入ったものを見つけると、つい連れて帰ってしまいます。

私は豆皿を箸置きにして使うこともあります。シンプルなうつわの中に、少し華やかな柄の豆皿を置くと、食卓がぱっと明るくなります。お揃いの柄でないものも気にせず使って大丈夫。自分好みのものだから、別の作家さんのものでも不思議とまとまります。

そばちょこは、人がたくさん来たときはコップ代わりにして大活躍。アイスクリームやヨーグルトを入れたり、副菜を入れたり、そばつゆだけ入れるにはもったいない、使い勝手のいいうつわです。

私は黒や茶色など渋めの色のうつわも好きなので、豆皿やそばちょこで、食卓に彩りを添えています。

Chubachi

中鉢

程よいサイズの鉢は、汁気の多いものや取り分けていただくおかずのほかに、麺類や丼ものに使ったりと、多種多様な使い方ができます。料理を盛っても余白ができるので、色や形がおもしろいものも案外しっくりきます。

①白釉《はくゆう》平皿・関口憲孝作・4200円・径24×高さ5㎝／田園調布いちょう

②やわらかな乳白色に、織部《おりべ》の水玉模様がかわいい鉢。具沢山のシチューやご飯ものなど、自然と登場回数が多くなる、大沼道行さんの人気商品。　黄磁《きじ》ドット鉢・大沼道行作・3150円・径18×高さ5㎝／田園調布いちょう

③焼《や》き締《し》めでありながらこのやわらかさ。全体にうっすらと広がる織部《おりべ》の若草色が、やさしい雰囲気です。作家・田宮さんが焼《や》き締《し》めに初めて織部《おりべ》釉をかけた作品。　焼〆織部《やきしめおりべ》平鉢・田宮亜希作・8610円・径20×高さ6㎝／うつわ楓

④絵具の筆で酢を塗り、その上から黒釉《くろぐすり》を施しています。青にも緑にも変化する深みのある自然の黒。　黒ゴス六寸楕円ボール・八木橋昇作・4095円・17×15.5×高さ7㎝／うつわ楓

⑤花の形が普段のおかずをグンと華やかに。適度な厚みと、色染みしない独自の釉薬《ゆうやく》で、扱いやすい。　花鉢・石岡信之作・2310円・径18.5×高さ4.5㎝／うつわSouSou−爽々−

⑥品のいい光沢感と、ルリ釉の濃紺色が美しいボウルです。軽めの麺類など、汁ものにも重宝します。　ルリ釉《ゆう》ボウル（大）・加藤仁志作・3780円・径15.5×高さ7㎝／zakka土の記憶

Fukazara

①

深皿

洋食器でいえば、スープ皿やパスタ皿にあたる深皿。和食はもちろん、洋食もおいしく見せてくれるうつわです。パスタやシチュー、カレーなど、普段よく食べる料理が似合うものは、普段づかいのうつわにぴったり。

①黒錆《くろさび》シンプル角リムプレートM・中御門雅広作・3990円・17.5×17.5×高さ3㎝／QupuQupu

②ヨーロッパの陶磁器のような、まったりとした白の質感が素敵。大輪のようなフォルムもやわらかく優雅で、何を盛っても品よく決まります。　白七角鉢・林健二作・5250円・径18.3×高さ5.6㎝／宙SORA

③繊細に描かれた唐草《からくさ》の文様はもちろんのこと、ゆるやかな立ち上がりのカーブや全体のバランスも美しく、手に取って眺めていたくなるうつわ。　白唐草鉢（大）・苧野直樹作・6300円・径21×高さ5㎝／うつわ謙心

④名前の通り、パスタに最適ですが、煮込みやグリルなど、しっかりとした洋風料理も似合いそう。　丸パスタ皿（黄）・大脇直人作・5250円・径25×高さ4.5㎝／うつわ謙心　⑤クラシックでエレガントなブロンズ色を、マットに仕上げて。艶やかな④の茶色とは、また違う表情。　ブロンズ釉 切立浅鉢《きったちあさばち》・小澤基晴作・4410円・径21×高さ5㎝／うつわ屋kiki

⑥光によってグリーンやゴールドにも見える茶色と、粉引《こひき》とのコントラストがポイント。　ひびわれ浅丼（大）・奥田章作・3360円・径20×高さ6.5㎝／器と暮らしの道具OLIOLI

Mamezara

①

豆皿

小皿の中でも三寸（径約10㎝）以下は豆皿と呼ばれます。しょうゆ皿や薬味入れ、珍味入れなどに最適なサイズ。箸置きにもなります。小さいので収納も場所をとらず、値段も手頃。集めるのが楽しいうつわです。

①輪花白磁《りんかはくじ》豆皿・堀仁憲作・径10㎝・2310円／うつわ楓

②

③

②鉄点《てってん》や縁に見られる焦げ感や、粉引《こひき》の複雑な表情が、プリミティブな魅力をたたえています。お菓子をのせても、2〜3枚並べて使っても絵になります。　粉引四方《こひきしほう》豆皿・鈴木史恵作・950円・7.5×7㎝／QupuQupu

③幅のある縁がちょっとユニーク。個性的なデザインとの組み合わせで、お馴染の呉須《こす》の十草《とくさ》文も新鮮に見えます。名称は鉢ですが小皿にしても。　トクサ紋六角豆鉢・砂田政美作・1890円・8.5×8.5×高さ2.5㎝／うつわ楓

④灰釉《はいぐすり》が愛らしい輪花に渋さをプラス。小さな点々模様はもみ殻の跡。　輪花《りんか》豆皿・中川雅佳作・1575円・径10.4㎝／QupuQupu　⑤口縁《こうえん》の鉄錆《てつさび》がアクセント。しょうゆの小皿もこんなこだわりのものを。　丸小皿（鉄／粉引《こひき》）・田鶴濱守人作・1050円・径9.5㎝／QupuQupu　⑥小さな花の模様が刻まれたすっきりとした白磁《はくじ》。薬味皿、漬け物皿などに。　印花《いんか》皿・水垣千悦作・1575円・径11㎝／Promenade　⑦スモーキーな灰色、ガラス化した釉溜《くすりだ》まりの水色がきれい。　古色《こしょく》花鉢（小）・角田淳作・1890円・10×9.5㎝／zakka土の記憶

Sobachoko

①

そばちょこ

そばちょこはめんつゆ入れですが、容量や形が使いやすく、いろいろな柄や色があって、選ぶのも使うのも楽しいうつわです。デザート用のカップや茶碗蒸しのうつわなど、工夫次第でいろいろな使い方ができます。

①灰釉粉引《かいゆうこひ》き蕎麦猪口《そばちょこ》・川口武亮作・2625円・径8×高さ7㎝／うつわ屋kiki

②

③

②白く艶のある粉引《こひき》の下に見える、細くきりっとしたしのぎに、丁寧な仕事ぶりがうかがえます。鉄点《てつてん》や、素地《きじ》の見え隠れもいい味わいに。　粉引《こひ》きしのぎ蕎麦猪口《そばちょこ》・川口武亮作・1890円・径8.5×高さ7㎝／うつわ屋kiki

③那覇市首里在住の作家・眞喜屋修さんの作品。独特の呉《ご》須《す》の青と大胆な筆使いが沖縄の風土を感じさせます。（右）呉須打点文猪口《ごすだてんもんちょこ》、（左）呉須唐草文猪口《ごすからくさもんちょこ》・眞喜屋修作・各1575円・径8.5×高さ7㎝／うつわSouSou−爽々−

④シャープなデザインが際立つ、藁灰釉《わらばいゆう》のそばちょこ。深い色味のうつわは食卓をピリッと引き締める役割も。　そば猪口《ちょこ》・竹本ゆき子作・2100円・径9×高さ6㎝／Promenade　⑤十草《とくさ》のリアルな描写など、クラシックな絵柄の中に、現代的なセンスが感じられます。　そばちょこ（右・トクサ／左・人《じん》物《ぶつ》山水《さんすい》）・萌窯・各3150円・径8.5×高さ6㎝／宙SORA　⑥古伊万里《こいまり》の絵柄をもとに、やわらかな染付と赤絵の２色でモダンに仕上げています。　二色そばちょこ（上・雲／中・輪／下・竹）・room+J design&大日窯・（雲／竹）1890円、（輪）2100円・径7.7×高さ6.7㎝／代官山 暮らす。 by room+J design

Part1

3

ゆとりの時間のうつわ

自分の飲み方をイメージして

お茶やお酒の飲み方は、人それぞれ違います。一度にたくさん飲みたい人、ちびりちびりと飲みたい人。そう考えると、飲みもののうつわは大きさが大事。自分の飲み方をイメージして選ぶと、ぴったりのサイズのものが見つけられます。

湯のみは口に当たる部分を指で触って、感触や質感をチェックするといいでしょう。また、水切れが悪い急須は、いくらかわいいものでも、結局使わなくなってしまいます。急須を選ぶときは、私はお店の方に使い勝手を聞きます。お店によっては、実際に注いで見せてくれることも。

お店の方と仲良くなるのは、いいうつわに出合う近道。通って、お話しするようになると、いろいろなことを教えてくれます。

好みにこだわりたい酒器やグラス

私はお酒が大好きです。だから、うつわにもこだわります。私の好みは薄いグラス。ここに冷たいビールを注いで…。お気に入りのグラスだと、お酒もいっそうおいしそうに見えて、うれしくなります。

お茶やお酒のためのうつわは、デザインもいろいろあり、選ぶのがとても楽しいアイテム。リラックスタイムに使ううつわですから、本当に気に入ったものを選びたいですね。好きな形、素材、大きさ、持ちやすさなど、自分の感覚を大切にして選べば、きっといいうつわに出合えるのではないでしょうか。

Yunomi　Kyusu

①

急須・湯のみ

急須選びで大切なのは、注ぎやすく、水切れがいいこと。緑茶用には小ぶりのもの、番茶用にはやや大きめのものがおいしくお茶を入れられます。湯のみは手に取って、しっくりくる大きさ、肌触りのものを選びましょう。

②

③

②無垢な白土《しろつち》のベージュに、織部《おりべ》の緑を組み合わせて。急須は使い勝手がよいと評判。　白土《しろつち》急須・松宮洋二作・7350円・径6.5×高さ11㎝、四《し》方鉢内織部灰釉《ほうばちうちおりべはいゆう》・木曽志真雄作・2625円・径7×高さ6㎝／SHIZEN

③焼《や》き締《し》めの急須は、使い込むとしっとりとした風合いになります。水切れのよさ、軽さも驚き。湯のみは炭化粉引《たんかこひき》を合わせて。　炭化焼締《たんかやきしめ》急須・前村幸孝作・6300円・径10×高さ10㎝／うつわSouSou−爽々−、炭化粉引《たんかこひき》そば猪口《ちょこ》カップ・野口淳作・1680円・径8.5×高さ6.8㎝／QupuQupu

①灰釉《かいゆう》ポット・田谷直子作・8400円・径11×高さ9㎝、灰釉筒《かいゆうつつ》小湯のみ・田谷直子作・2100円・径5.5×高さ7.5㎝／zakka土の記憶

④急須だけを作る作家、加藤さんの作品はコレクターもいる人気ぶり。個性的な急須には、色も形も端正な湯のみを合わせて。　丸急須 茶・加藤財作・9450円・径9×高さ10㎝、白磁《はくじ》 小ゆのみ・堀仁憲作・2940円・径7.5×高さ9㎝／うつわ楓　⑤ポットの表面の「泥彩《でいさい》」は、スポンジに土を取り、焼く前の素地《きじ》に付けたもの。プリーツワークと称したしのぎ風の湯のみと。　燻銀《くんぎん》彩泥彩炭《さいでいさいたん》化《か》ポット・大中和典作・10500円・径10.5×高さ12㎝、プリーツワークゆのみ（小）・額賀章夫作・2100円・径8×高さ8㎝／うつわ楓　⑥表面のひびがアンティークのような雰囲気。シンプルだから和・洋・中のティータイムに使えます。　皹《ひび》化粧ポット・橋本忍作・12600円・径10×高さ11.5㎝、皹《ひび》化粧カップ・橋本忍作・3150円・径8.8×高さ6.8㎝／うつわ謙心

Glass Cup

カップ・グラス

カップもグラスも口当たりが大切なので、選ぶときは厚みや質感をチェックしましょう。作家さんの愛情が込もったうつわは、あたたかい飲みものも冷たい飲みものも、さらにおいしくしてくれます。

①焼《や》き締《し》めティーカップ・林拓児作・2625円・径9.5×高さ4㎝／l'Outil
②タネの杯《はい》・松岡洋二作・4725円・径6.5×高さ13㎝／サボア・ヴィーブル

③カップは「パオ」、ソーサーは「ユーポス」という名のユニークなセット。こんなカップで飲めばカフェな気分。パオ&ユーポス（黒・moegi）・村上直子作・（黒）5040円、（moegi）4520円・パオ径7.2×高さ8㎝、ユーポス径13.5×高さ3㎝／器と暮らしの道具OLIOLI
④らせん状に入った水滴のような小さな泡が、さりげない模様に。下がキュッと細く、持ちやすい。　泡グラス・荒川尚也作・2520円・径8×高さ11㎝／Promenade

⑤樽のようにずんぐりとした愛嬌のある形と、ナチュラルな色彩が魅力。　タルマグ・二川修作・3150円・径8×高さ9㎝／l'Outil　⑥安定感のある持ち手をつけたマグは、機能性と見た目のよさを両立させたユニバーサルデザイン。　マグカップドット・増渕篤宥作・2730円・径8.5×高さ7㎝／SHIZEN　⑦りんごのようなまん丸フォルムがキュート。つるんとした質感とマットなアイボリーに、気持ちがなごみます。　林檎のマグカップ・加藤かずみ作・2940円・径7×高さ8㎝／加藤かずみ　⑧右ページ④の形違いで、たっぷり飲める大きさ。飲みものを入れると、泡の模様がさらにきれいに見えます。　泡グラス・荒川尚也作・2625円・径10×高さ13㎝／Promenade　⑨ゆらめきを形にしたようなグラスは、一つずつ厚みや形が違い、あたたかく手に馴染むよう。　ゆらぎグラス ロック・西山芳浩作・2625円・径7.5×高さ10㎝／l'Outil　⑩黄味をおびたムラのあるガラスがどこかレトロな雰囲気。ロックグラスや、デザートカップにも。　麦わらタンブラー・櫻井亜希子作・2520円・径8.3×高さ7.5㎝／田園調布いちょう

Guinomi Syuki

酒器・ぐいのみ

片口《かたくち》は注ぎ口がやや長く、汁切れのいいものを、ぐいのみは大きすぎず、手のひらになじむものがいいでしょう。ただ、大事なのは自分の好み。色や形、雰囲気などの好みを優先して、お気に入りを見つけてください。

①片口《かたくち》（大）・森岡希世子作・3255円・径8.7×高さ7㎝、冷酒杯・森岡希世子作・2205円・径5×高さ7.5㎝／うつわ謙心

②胴から注ぎ口へのラインがシャープな片口《かたくち》。シックな高坏《たかつき》を合わせて和モダンなセットに。　粉引《こひき》片口《かたくち》酒器・田鶴濱守人作・3675円・14×10×高さ9㎝、裂《れつ》粉引《こひき》高杯《たかつき》・大原拓也作・1890円・径5.5×高さ7.5㎝／うつわSouSou−爽々−

③再生ガラスの中に散る真鍮《しんちゅう》が、夜空にきらめく星のよう。とろりとしたガラスの質感が独特です。　てんてん星 片口《かたくち》酒器・早崎志保作・4200円・14×10×高さ9㎝、てんてん星 ぐいのみ・早崎志保作・1890円・径7.5×高さ6㎝／うつわSouSou−爽々−

④さびたような焼《や》き締《し》めと、茶のグラデが楽しい徳利。さまざまな土色のうつわと組み合わせて。　樫灰《かしばい》グラデーション徳利《とっくり》・岳中爽果作・4200円・径9×高さ11.5㎝、ぐい呑み・大中和典作・各2100円・（右）径3.8×高さ3.8㎝、（左）径8×高さ4.3㎝／うつわ謙心　⑤片口《かたくち》は切れ味抜群。ぐいのみは薄手で口当たりよく、思わずお酒が進みます。　片口《かたくち》（黒）・伊藤剛俊作・8400円・14×8×高さ8㎝、ぐい呑み（黒）・伊藤剛俊作・2625円・7.5×5.5×高さ5㎝／うつわ謙心　⑥女性的な花のような酒器は、石膏《せっこう》の型に土を流して成形する鋳込《いこ》みという技法。釉薬《ゆうやく》はかけず、表面を磨いてマットに仕上げています。　片口《かたくち》・若杉聖子作・6300円・径9×高さ7㎝、杯・若杉聖子作・3675円・径7×高さ5.5㎝／SHIZEN

Column

1

うつわの色あれこれ。

白いうつわはどんな料理にも合わせやすく、シンプルで、初心者でも使いやすいうつわです。でも、ちょっと注意したいことがあります。それは、白の微妙な色の違い。陶器の白と磁器の白は違いますし、同じ陶器、磁器でもニュアンスがかすかに異なるものが結構あります。手持ちの白い皿に合わせて白いうつわを買っても、家で組み合わせてみると、「あれ？」と思うことがありませんか？　そう、白とひと言で言ってもさまざまな種類があるのです。

トーンが微妙に違う白のうつわ同士は、コーディネートがまとまらないものです。逆に言えば、白のトーンが揃ったテーブルは、ほんの少しのアクセントがあるだけでとても素敵。白いうつわを選ぶときは、色のトーンもしっかり確認しましょう。

意外と扱いやすいうつわの色はアースカラー。茶色やベージュ、カーキといった一見地味な色ですが、驚くほど料理を引き立ててくれます。その中でもおすすめなのが、カーキ色。とくに赤や紫の食材と相性がよく、トマトや紫たまねぎ、パプリカ、ぶどうなどを盛ると、食材がとても映えます。なかなかうつわ屋さんでは目につかない色ですが、通り過ぎずに、目に留めてみてください。白いうつわのコーディネートの差し色としてもおしゃれです。

今あるうつわに合わせて買い足すときは、色を揃えたり、差し色になるものを選ぶなど、色を基準にするのが無難です。もう１つポイントになるのがうつわの厚さ。ぽってり厚めのもの同士、シャープな薄めのもの同士など、厚さを揃えるだけでも統一感が出やすくなります。手持ちのうつわも上手に使って、自分らしいコーディネートを楽しみましょう。

Part 2

うつわのコーディネート

素敵なうつわを選んだら、
今度は組み合わせにトライ!
パート1のうつわを使った、
料理別のコーディネートを紹介します。

組み合わせの方程式

うつわ選びは料理を考えたあとに

私の場合、食事用のうつわを選ぶのは料理を考えたあと。メイン料理を決めて、その料理に合ううつわを選び、それを中心に献立とコーディネートを考える、という順番です。

大切にしているのはその日の気分。自分の食べたいもの、使いたいうつわを丁寧に考えます。雑な気分でうつわを選ぶよりも、料理にしっくりくるうつわを並べて食べると、おいしさが断然増す気がします。

料理、うつわ、テーブル、全部の調和

私の中には、うつわの組み合わせの方程式のようなものが2つあります。

1つ目はうつわの高さに変化を持たせること。全部同じ高さだと、食卓がのっぺりして、奥行きが出ません。鉢やそばちょこなど、高さのあるうつわを1つ組み合わせることで、奥行きが出ます。また、うつわの大きさや形を変えて組み合わせても、テーブルが華やかになります。

もう1つはテーブルの色や素材とうつわの調和です。我が家のテーブルは、木目の強い焦げ茶色。うつわもこの色や素材に合うものを選んでいます。もしもテーブルとうつわが合わないときは、シンプルな麻のベージュクロスを敷くのがおすすめ。これはどんな和のうつわにも対応できて、重宝しています。

料理とうつわ、うつわ同士の調和はもちろん、テーブルまでまとまると、言うことなし！楽しい食事の時間が始まります。

和食
コーディネート
～基本編～

白を基調としたうつわの組み合わせ。
めし碗の柄がいいアクセントに。
主菜用と副菜用のうつわの形も
食卓に動きをつけています。

うつわの紹介と料理のレシピはP78

和食 Coordination

「コーディネートアイデア」

和食のうつわの置き方や盛り付けには決まりがあります。
家での食事ですから、あまり堅苦しく考えることは
ありませんが、基本だけおさえておきましょう。

めし碗は向かって左、汁椀は右、箸の持ち手は右、が和食の基本の置き方です。それぞれ手に持って使うのに、食べやすい置き方になっています。

ただ、この食べやすいという考え方は右利きの人を基準にしたもの。正式な和食ではこの置き方ですが、左利きの人もいますから、その場合は、家庭では食べやすく置き換えてもいいでしょう。

魚を1匹盛り付けるときは、頭を左側に、腹を手前にします。これも食べやすさを考えた盛り付け方。見た目も自然で、きれいです。

同じ料理、同じうつわでも、盛り付け方を変えてみると、いろいろな表情が出て楽しいものです。

盛り付けるときのうつわの余白の残

食べやすさを考えた、めし碗、汁椀、箸の置き方。和食のコーディネートの基本です。

この向きが、魚がおいしそうに見え、食べやすい盛り付け方です。

同じ皿、同じ料理でも盛り付け次第で印象が全然違います。

し方によっても、料理の見え方は変わります。余白が多いと上品な印象、余白を残さずに盛ると庶民的な印象に。

おひたしやあえもの、酢のものなどは、小皿や小鉢にこんもり盛るとおいしそうに見えます。うつわの余白を残して上品に盛るのがポイントです。

和食の大きな特徴は季節感があること。うつわでも季節を感じさせるテーブルコーディネートが楽しめます。

たとえば春夏なら、薄手で涼しげな感触の磁器を、秋冬なら厚手であたたかみのある陶器を、というように。料理の持つ季節感をさらに引き立てることができます。

うつわの持つイメージを最大限に活かして、和食のテーブルコーディネートを工夫しましょう。

小皿にこんもりと、余白を残して上品に盛られたほうれん草のおひたし。

磁器（上）は春夏にぴったりのさわやかさ。あたたかみのある陶器（下）は秋冬に合わせたい。

和食
コーディネート
～応用編～

ちょっぴり大ぶりなめし碗を
木工の汁椀とお盆でまとめました。
丸いうつわと四角いうつわを組み合わせ、
全体のバランスをとっています。

 うつわの紹介と料理のレシピはP79

和食 Goods

「コーディネートが楽しくなるグッズ」

うつわだけでなく、小物もコーディネートの大事な要素。
うつわ屋さんには和の小物を置いてあるところが多いので、
うつわと一緒に選ぶのもいいですね。

和食に欠かせないグッズといえば箸と箸置き。特に箸置きは、いろいろな形、色、素材のものがあり、楽しめるアイテムです。うつわ屋さんにも個性的なものがさまざまありますから、うつわ選びのついでに、探してみましょう。ユニークなものは、コーディネートのアクセントにもなります。

お盆も和食を引き立てます。小鉢をいくつかのせて一人用のおつまみセットにしたり、おもてなしに使ったり、大皿代わりにもなります。

しょうゆ差しも和食にはなくてはならないもの。1つあればいいものですから、シンプルな、うつわの邪魔をしないものがおすすめです。

揚げもののときにぜひ使ってほしいのが半紙。最近はおしゃれな柄や色のものがいろいろあります。ちょっとした工夫でぐっとおいしそうな見た目に。

●箸

和食には、シンプルであまり主張しない、ベーシックな箸が合わせやすい。
①著者私物
②煤竹《すすだけ》箸・川合優作・2300円／田園調布いちょう

しょうゆ差し

飽きのこないデザインを選びましょう。液だれしないか、機能性もしっかりチェックを。

⑦正油さし　タイコ・増渕篤宥作・2940円／うつわ楓
⑧粉《こ》引《ひき》しょう油差・橋本忍作・6300円／うつわ謙心

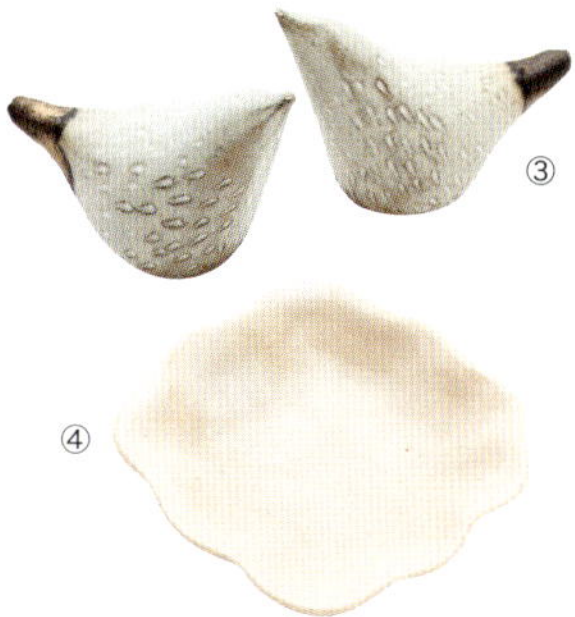

箸置き

シンプルな箸に、ユニークな箸置きを組み合わせて。いろいろな形を揃えるのもおもしろい。

③とり（小サイズ）・はしもとさちえ作・630円／QupuQupu
④玉《たま》子《ご》手《で》豆《まめ》箸置き・安齋新、厚子作・1050円／暮らしのうつわ 花田

半紙

キッチンペーパーより、ずっと上品でおいしそうに。色や柄が入ったものもあります。

⑨著者私物

お盆

お盆として以外にも、さまざまな使い道が。ナチュラルなものなら、和食以外にも使えて◎。

⑤パイ皿・富山孝一作・8925円・径23.5cm／Promenade
⑥サクラトレイ（木立）・4200円・27×16cm／木工房 玄

Recipe

P 70 - 71

①めし碗P28－③
②汁椀P34－①
③主菜用のうつわP37－⑥
④副菜用のうつわP41－⑥
⑤副菜用のうつわP43－⑦
⑥グラスP63－⑩
⑦箸P76－②
⑧箸置きP77－④
⑨泡影《ほうよう》 泡たま・五十嵐智一作・4200円／うつわ楓
●木のスプーン／著者私物

C なすのそぼろあん

《材料》なす2本　しょうがひとかけ　鶏ひき肉100g　めんつゆ（3倍濃縮）大さじ3　水溶き片栗粉小さじ2［片栗粉：水＝1：1］

《作り方》❶なすは乱切りにする。しょうがは飾り用に少量をせん切りにし、残りはみじん切りにする。❷多めのサラダ油（分量外）を熱した鍋にみじん切りにしたしょうがを入れて香りが出たら、なすと鶏肉を入れて炒める。❸②にひたひたの水（分量外）とめんつゆを加えて、アクをすくいながら15分煮る。❹水溶き片栗粉を少しずつ加えてとろみをつけたら、うつわに盛り、せん切りしょうがをのせる。

D 麩とあおさのみそ汁

《材料》だし汁2カップ　麩6個　あおさ適量　みそ大さじ2

《作り方》❶だし汁を沸かし、麩とあおさを入れ、みそを溶かし、火を止めて、うつわに注ぐ。

A ししゃもの南蛮漬け

《材料》玉ねぎ¼個　にんじん⅓本　ししゃも8匹　A［だし汁¼カップ　薄口しょうゆ大さじ2⅔　砂糖大さじ2⅔　酢大さじ2⅔］　あさつき2本

《作り方》❶玉ねぎは薄く切り、にんじんはせん切りにして、電子レンジで1分半加熱する。❷Aを合わせ、①を入れて混ぜる。❸ししゃもを多めのサラダ油（分量外）で揚げ焼きし、②に入れて軽く混ぜ合わせ、粗熱が取れたら冷蔵庫に入れて味をなじませる。❹うつわに盛り、小口切りのあさつきをのせる。

B 小松菜とホワイトぶなしめじのおひたし

《材料》ホワイトぶなしめじ½パック　小松菜½束　ポン酢大さじ1½　からし適量

《作り方》❶鍋に湯を沸かし、ホワイトぶなしめじをさっと湯通ししてザルにあげて水気を切る。❷①と同じ鍋で小松菜をさっとゆでて氷水に取り、水気を絞り、5㎝幅に切る。❸ポン酢にお好みでからしを溶き、①、②とあえ、うつわに盛る。

Recipe
P 74 - 75

①めし碗P29－④
②汁椀P32－①
③主菜用のうつわP38－①
④取り皿P47－④
⑤取り皿P47－⑦
⑥急須P60－①
⑦湯のみP60－③
⑧しょうゆ差しP77－⑧
⑨お盆　P77－⑥
⑩半紙　P77－⑨
●箸・箸置き／著者私物

G かぼちゃ豚汁

《材料》かぼちゃ⅛個　玉ねぎ½個　豚バラ肉100g　しめじ½パック　だし汁3カップ　みそ大さじ3
《作り方》❶かぼちゃは2㎝角に切り、ラップをして電子レンジで2分加熱する。玉ねぎは薄切りに、豚肉は1.5㎝幅に切る。❷ごま油(分量外)を熱した鍋で、豚肉と玉ねぎを炒めたら、だし汁としめじ、①のかぼちゃを加えて煮立たせ、アクをとる。❸みそを溶かし入れたら、火を止めて、うつわに注ぐ。

H なすとかぶの寿司酢漬け

《材料》(作りやすい分量)小なす5個　かぶ2個　塩小さじ¼　寿司酢大さじ4　唐辛子(輪切り)少々
《作り方》❶小なすはヘタを取って4等分に切り、かぶは皮をむき、薄く切る。❷①をビニール袋に入れ、塩を加えてもんで15分置き、出てきた水分を捨てる。❸②に寿司酢と唐辛子を入れて漬け込む(15分後くらいからおいしく食べられる)。

E アボカドと長芋の塩昆布かき揚げ

《材料》アボカド1個　長芋150g　塩昆布大さじ1　小麦粉大さじ1　てんぷら粉100g　冷水適量　塩適量
《作り方》❶アボカドと長芋は1.5㎝角に切り、粗みじんに切った塩昆布と混ぜ、小麦粉をふりかけてざっくりと混ぜ合わせる。❷①に冷水で溶いたてんぷら粉を入れて軽く混ぜたら、小さなおたまですくって170度の揚げ油(分量外)にそっと落として揚げる。❸うつわに盛り、塩を添える。

F 鯛のごまだれ丼

《材料》刺身用の鯛1さく　ご飯どんぶり2杯分　A[めんつゆ(3倍濃縮)大さじ2　練りごま大さじ1　酢小さじ2]　白ごま小さじ½　大葉4枚
《作り方》❶Aを混ぜ合わせ、削ぎ切りにした鯛の刺身を10分以上漬ける。❷うつわにご飯を盛り、①の鯛をのせ、白ごまをふりかけ、①で余ったAを回しかけたら、せん切りにした大葉をのせる。

洋食 コーディネート ～基本編～

和のうつわも洋食とすんなりマッチ。
うつわの大小、色の濃淡で、
シャープなコーディネートに。
グラスの高さが立体感を出しています。

 うつわの紹介と料理のレシピはP88

洋食 Coordination

「コーディネートアイデア」

和のうつわでも洋食に対応できるものがたくさんあります。
洋食器のコーディネートとはまた違う魅力がありますから、
いろいろな洋食に組み合わせてみましょう。

ナイフは向かって右、フォークは向かって左が基本的な置き方です。家でちょっと本格的に洋食を楽しむときは、洋食のマナーにのっとってコーディネートしたいですね。

ビストロなどのカジュアルなフレンチレストランでは、右側にカトラリーを揃えて出すこともあります。この場合は、そのままテーブルに置いても、カトラリーレストを使用してもOK。気取らずに洋食を楽しみたいときは、この置き方をしてみては。

皿を2枚重ねにすると、一気に洋食のイメージになります。和のうつわを使うときは、大きめの平皿に深皿を組み合わせるとスタイルが決まります。パスタやスープなどの料理のときに、おすすめのコーディネートです。

ちょっと気取って、おうちで洋食を楽しみたいときは、こんな風にセッティング。

カジュアルに楽しむなら、右側に揃えて、ビストロ風に。

ナプキンを挟むテクニックはお客様のときにおすすめ。

皿を２枚重ねるだけで、和のうつわがぐっと洋の雰囲気になります。

さらに上級感を出すなら、重ねた皿の間にナプキンを挟みます。シンプルなうつわがまた違った表情に。挟むナプキンの色や柄によって、全く違うコーディネートが楽しめます。

洋食ならではの盛り付けといえば、ソースのかけ方。肉や魚などのメインの料理の周りにティースプーンなどを使ってソースを添えてみましょう。料理の下に丸く敷く、囲むように点々と置く、線を描くようにする、など楽しんでみてください。

白い皿ならバジルやトマトなど色味のあるソースを、濃い色の皿なら、マヨネーズ系など白っぽいソースにすると映えます。

「皿をキャンバスに見立てて」などとよく聞きますが、家庭でも簡単にできる盛り付けのテクニックの1つです。

同じ料理もソースのかけ方で全く違う表情に。
気分によって、使い分けて。

洋食 コーディネート ~応用編~

ナプキンを挟んだうつわの2枚使いで
おしゃれ度アップ。
洋食用の小物が料理とうつわを
きれいにまとめます。

 うつわの紹介と料理のレシピはP89

洋食 Goods

「コーディネートが楽しくなるグッズ」

和のうつわに洋食器の小物を組み合わせることで
和と洋が混ざったモダンなテーブルを演出できます。
個性的な小物で自分らしいコーディネートを。

和のうつわで洋食のコーディネートをするときは、洋食用の小物を効果的に使うと、まとまりが出ます。

ドレッシング入れはその典型。和のうつわと洋食をつなぐ役割をしてくれます。ガラス素材や高さのあるものを使えば、ぐっと立体感が出て、ワンランク上のコーディネートに。

カトラリーは少し個性があるものもおもしろい。うつわがシンプルなものなら、カトラリーで遊ぶのも楽しいでしょう。カトラリーレストもあると、さらにおしゃれ感が出ます。

ミルクピッチャーは、本来の役割以外にも、ドレッシングやソースを入れたり、ときには花を生けたりとさまざまなシーンで大活躍。

ナプキンは質感や色味、柄などが違うものを数種類揃えておくと、雰囲気作りに一役かってくれます。

●ドレッシング入れ

1つあるだけで、洋食っぽい雰囲気にしてくれます。ガラスだと和食器にも合わせやすい。

①アップル栓ピッチャー（小）・河上智美作・3360円／Ékoca

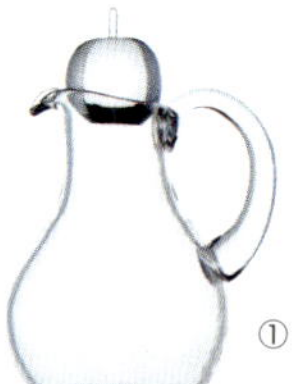
①

●カトラリー＆
カトラリーレスト

定番デザインのほかに、個性的なものもあると、コーディネートの幅が広がります。

②スプーン・田中俊介作・3150円、フォーク・田中俊介作・3675円、カトラリーレスト・田中俊介作・1890円／SHIZEN

③マルテラート ディナーナイフ、フォーク・各630円／karako 練込《ねりこみ》カトラリーレスト・長田佳子作・1365円／田園調布いちょう

③ ②

⑥

●ナプキン

色や柄でいろいろなコーディネートが楽しめます。何種類か持っていると重宝するアイテム。

⑥すべて著者私物

④

⑤

●ミルクピッチャー

意外と応用範囲が広いアイテム。小さくてかわいらしい形も食卓のアクセントにぴったり。

④stencilミルクピッチャー・鳥山高史（ガラス工房 壜壜）作・2000円／Ékoca

⑤ミルクピッチャー・田村一作・1600円／手仕事の器キナリノ

Recipe

P 80 - 81

J ベビーリーフサラダ

《材料》ベビーリーフ1袋　ベーコン2枚　A［粒マスタード大さじ1　しょうゆ大さじ½　ワインビネガー大さじ½　オリーブ油大さじ1］

《作り方》❶ベーコンは1cm幅に切り、油をひかないフライパンでカリカリに焼く。❷Aを合わせ、攪拌する。❸ベビーリーフと①をうつわに盛り、②を添える。

K バゲット

適当な厚さに切ってトーストし、うつわに盛る。

I カリカリチキンの柚子こしょうクリーム

《材料》鶏もも肉2枚　ズッキーニ½本　エリンギ½本　塩・粗挽き黒こしょう・おろしにんにく各適量　A［生クリーム½カップ　みりん小さじ2　柚子こしょう小さじ¼］　ハーブ適量

《作り方》❶鶏肉は塩、こしょうとおろしにんにくをすりこんで10分置き、余分な水分をキッチンペーパーで取る。❷フライパンに①を皮目を下にして入れ、皿などの重しをのせて、中弱火で約3分焼き、重しを除いてさらに皮がカリカリし、8割方火が通るまで焼く。裏返して、完全に火を通して取り出す。❸同じフライパンで、輪切りのズッキーニと手で割いたエリンギを焼き、塩、こしょうをして取り出す。❹さらに同じフライパンに、Aを入れて半量になるまで煮詰め、塩で調味する。❺うつわに②と③を盛り、ハーブを飾り、④を添える。

①副菜用のうつわP40－①　②取り皿P45－⑤　③深皿P53－④　④グラスP62－②　⑤ミルクピッチャーP87－④
⑥花入れ・石川昌浩作・2100円／田園調布いちょう　●ナイフ、フォーク／著者私物

Recipe

P 84 - 85

M サーモンカプレーゼ

《材料》モッツァレラチーズ 100ｇ　スモークサーモン6枚　ディル1枝　塩・オリーブ油（エキストラバージン）各適量　ポアブルローゼ4粒

《作り方》❶モッツァレラチーズは小さめの一口大にちぎり、スモークサーモンは2等分に切る。❷うつわに①を盛ったら、ディルを葉の部分をちぎりながらのせ、塩少々をふり、オリーブ油を回しかけて、ポアブルローゼを指で軽くつぶしながら散らす。

N ジンジャーエール

グラスにジンジャーエールを注ぎ、ミントの葉を浮かべる。

L オイルサーディンとすだちのパスタ

《材料》水菜 50ｇ　すだち½個　にんにくひとかけ　オイルサーディン1缶　スパゲッティーニ 200ｇ　塩適量

《作り方》❶水菜はざく切り、すだちはくし形切りにする。にんにくは薄切りにする。❷オリーブ油（分量外）とにんにくをフライパンに入れ、弱火で熱したら、オイルサーディンを加えて軽く炒める。❸パスタをゆで始め、②にゆで汁 80ccを加え混ぜる。❹ゆで上がったパスタをフライパンに入れ、塩で調味し、①の水菜の⅔量をさっとからめる。❺うつわに④を盛り付け、残りの水菜を上にのせ、すだちを添える。

①主菜用のうつわP37－⑤　②主菜用のうつわP37－⑦　③取り皿P44－①　④グラスP62－④　⑤ドレッシング入れP86－①　⑥スプーン・小沢敦志作・3150円、フォーク・小沢敦志作・3675円／うつわ楓　⑦ナイフレスト（ガラス）・河上智美作・840円／Ékoca　●一輪挿し／著者私物

中華・韓国料理 コーディネート ～基本編～

中華風の柄が効いたコーディネート。
赤い箸もポイントです。
さまざまな高さや形のうつわを組み合わせ、
変化のあるテーブルに。

うつわの紹介と料理のレシピはP98

中華 韓国 料理

Coordination

「コーディネートアイデア」

家庭でもよく登場する中華や韓国のおかず。
うつわの柄や色、盛り付け方の工夫で、
料理を引き立てるコーディネートができます。

中華料理店のうつわは、青磁器を使ったものが多いようです。青磁器とは淡い青色や緑色に焼き上がった磁器のこと。家庭でも中華料理を盛るときに使うと、中華らしい雰囲気が出ます。

また、赤い色も中華らしいスタイルを出すのに効果的な差し色。箸や取り皿などに少し赤い色があるだけでも、中華料理を引き立ててくれます。

金色も中華らしいコーディネートには合う色ですが、上手に使わないと下品になりがち。使うのが難しい差し色ですが、うつわやマットの縁に少量なら、上手にまとまります。

中華風の柄や赤色は印象が強いので、うつわの組み合わせに1点加えるだけでも、十分に雰囲気が出ます。中華料理は家庭でも食べる機会が多いで

青磁器がないときは、青味がかった色のうつわを選んでも、雰囲気が出ます。

赤い色や柄の組み合わせが少しあるだけでも、中華風のイメージになります。

普通の和食器のコーディネートに中華風のうつわを1点プラスするだけで、印象が変わります。

すから、専用のうつわとして持っていても出番があるでしょう。

中華料理、韓国料理のテーブルで特徴的なのが箸の置き方。向かって右側に、持ち手を手前にして縦置きにします。日本人にはなじみのない習慣ですが、家庭で中華料理や韓国料理を楽しむときに取り入れてもいいですね。

韓国の宮廷料理は幾何学的にきれいに盛り付けられたイメージがあります。和のうつわには四角いものもありますから、うつわの形を利用して、整然と盛り付けると韓国らしい印象に。ナムルなどは、種類も多く、彩りもきれいなので、一皿に何種類かを幾何学的に盛ると、素敵な仕上がりになります。この盛り付け方は、韓国料理以外にも応用できるアイデアです。

箸を縦置きする中華・韓国料理のスタイルです。和食と違う雰囲気を味わえます。

四角い皿に幾何学的に盛り付けて、韓国宮廷料理風に。彩りも楽しんで。

中華・韓国料理コーディネート ~応用編~

四角い皿を効果的に使った、
アシンメトリーなテーブル構成。
白いテーブルクロスと黒い皿のコントラストも
楽しいコーディネートです。

 うつわの紹介と料理のレシピはP99

中華 韓国料理 Goods

「コーディネートが楽しくなるグッズ」

独特の箸やれんげを上手に取り入れたり、
色や柄でイメージをふくらませて
家ごはんならではの中華・韓国スタイルを作りましょう。

かわいい形のれんげは、本来の使い方のほかにも、一口サイズのオードブルを盛ったり、薬味を入れたり、いろいろな形で楽しめます。

　中国や韓国の箸は置き方も特徴的ですが、形や素材も日本とは少し違います。中国は丸箸といって先まで丸い箸をよく使います。また、韓国は金属製の箸が一般的。日本人には少し使いづらく感じるかもしれませんが、箸も料理に合わせてコーディネートすれば、気分も一段と盛り上がりますね。

　調味料入れにもこだわるなら、柄や色、質感が雰囲気に合うものを選んでみましょう。

　ランチョンマットを使うのも、手軽に中華風や韓国風を印象づけるのに効果的。赤や金色なら中国を、幾何学柄やチマチョゴリ風の色の組み合わせなら韓国のイメージになります。

●れんげ

形そのものがアクセントになります。中華風の柄なら、1点でも存在感あるアイテムに。

①れんげ 桃・萌窯・2625円、豆皿・上泉秀人作・1575円／宙SORA
②著者私物

③

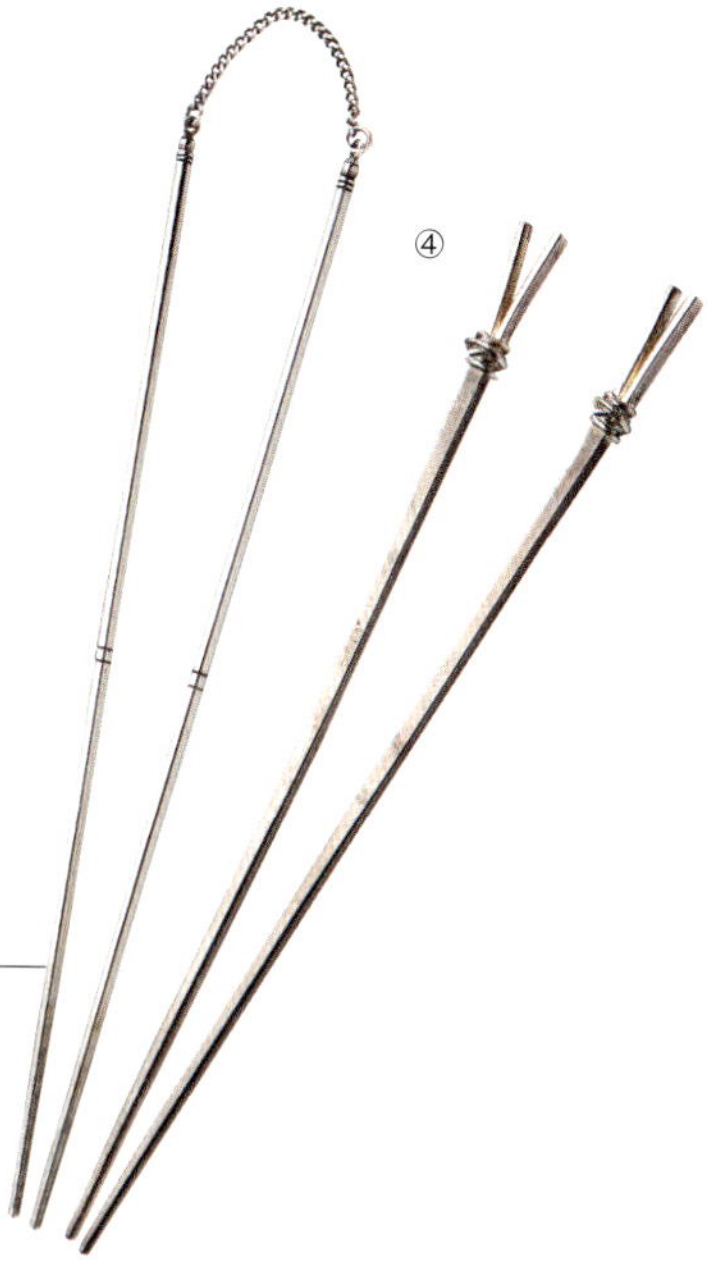
④

丸箸

中華料理のテーブルに合わせたい丸箸は、中国雑貨店などでも手に入ります。
③ともに著者私物

金属の箸

韓国っぽさを出すには最強のアイテム。木や竹の箸とは違うずっしりとした重さがあります。
④ともに著者私物

⑦

⑤

⑥

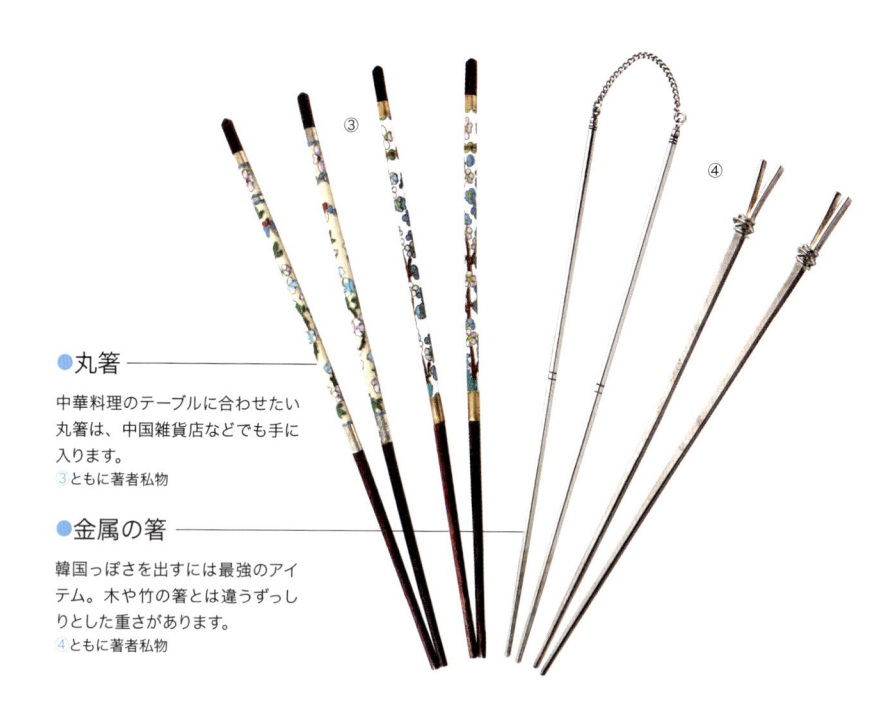

ランチョンマット

手軽に食卓の雰囲気を変えられるグッズ。強烈な色合いのものも中華・韓国料理にマッチします。
⑦ストライプ ランチョンマット（インドネシア）・各945円・40×30㎝／karako

調味料入れ

和食にも、中華・韓国料理にも使えるものを選べば、重宝します。料理によって中身を変えても。
⑤鉄絵《てつえ》小二段重・城進作・5250円／田園調布いちょう
⑥染付《そめつけ》しょうゆさし 丸文《まるもん》・新道工房・7350円／田園調布いちょう

Recipe

P 90 - 91

Q レタスの中華スープ

《材料》レタス2枚　かにかまぼこ2本　水2カップ　鶏がらスープ顆粒小さじ2　おろししょうが小さじ¼　しょうゆ小さじ2

《作り方》❶水と鶏がらスープ顆粒、おろししょうがを鍋に入れて煮立たせる。❷ちぎったレタスと、割いたかにかまぼこを①に入れてさっと火を通し、しょうゆで調味したら、うつわによそう。

R ぜんまいのごま炒め煮

《材料》ぜんまい（水煮）100ｇ　ごま油大さじ1　だし汁½カップ　砂糖小さじ2　しょうゆ大さじ1　みりん大さじ1　白ごま小さじ1

《作り方》❶ぜんまいをごま油を熱したフライパンで炒めたら、だし汁を入れ、砂糖、しょうゆ、みりんを加えて水分を飛ばしながら炒め煮する。❷①に白ごまを加えて全体にからめたら、火を止めて、うつわに盛る。

①めし碗P30－②　②汁椀P34－②　③主菜用のうつわP39－④　④副菜用のうつわP42－④　⑤取り皿P45－⑥　⑥れんげP96－①　⑦調味料入れP97－⑥　⑧箸置き・伊藤剛俊作・840円／うつわ謙心
●箸／著者私物

O 豚肉とトマトの中華炒め

《材料》長ねぎ1本　トマト（小）2個　豚こま肉200ｇ　きくらげ（乾燥）6～7ｇ　卵2個　小麦粉大さじ1　ごま油小さじ2　A［酢小さじ1　鶏がらスープ顆粒小さじ2　オイスターソース小さじ2］　塩・こしょう各適量

《作り方》❶長ねぎは1㎝幅に斜め切り、トマトは8等分のくし形切り、豚肉は一口大に切って塩、こしょうをふり、小麦粉をまぶす。きくらげは水でもどす。❷サラダ油（分量外）をよく熱したフライパンに溶き卵を流し、大きくかきまぜ、取り出す。❸ごま油を熱したフライパンで長ねぎを炒めたら、豚肉ときくらげを加え、火が通ったらAを入れる。❹トマトを加え炒め、最後に②を戻し入れて全体を混ぜたら、うつわに盛る。

P ザーサイの冷奴

《材料》きゅうり⅓本　ザーサイ（びん詰め・薄切り）20ｇ　絹ごし豆腐1丁　しょうゆ適量

《作り方》❶きゅうりとザーサイはせん切りにして混ぜ合わせておく。❷豆腐を2等分に切ってうつわに盛り、①を上にのせ、お好みでしょうゆをたらす。

Recipe

P 94 - 95

V ナムル

《材料》（作りやすい分量）大根 ¼ 本　豆もやし 100 g　ほうれん草 100 g　ぜんまい（水煮）100 g　A［おろしにんにく少々　ごま油大さじ1　鶏がらスープ顆粒小さじ1　酢小さじ1　砂糖ひとつまみ］を4セット　ラー油4～5滴

《作り方》❶大根はせん切りにして塩（分量外）もみして水気を絞る。豆もやしは熱湯を回しかけて、水気を絞る。ほうれん草はゆでて氷水に取り、水気を絞って5㎝幅に切る。ぜんまいは5㎝幅に切り、ごま油（分量外）でさっと炒める。❷①の材料のそれぞれにAを1セットずつ入れてあえ、大根にはさらにラー油をたらし、冷蔵庫に入れて 10 分以上味をなじませる。

S 焼肉

《材料》牛薄切り肉 250 g　焼肉のたれ（市販品）・プレーンヨーグルト各大さじ4　コチュジャン・白ごま各適量

《作り方》❶牛肉を5㎝幅程度に切り、焼肉のたれとヨーグルトを 15 分以上、よくもみこむ。❷ごま油（分量外）をフライパンに熱し、①の牛肉の水気をやや切って炒めたら、うつわに盛り、小皿にコチュジャンと白ごまを入れて添える。

T サンチュ

少量の水と氷を入れた深さのあるうつわに立てて盛る。

U 雑穀米・キムチ・韓国海苔

それぞれうつわに盛る。

①めし碗P28－②　②取り皿P44－③　③取り皿P45－④　④取り皿P47－⑤　⑤深皿P52－①　⑥グラスP63－⑨　⑦酒器P64－②　⑧調味料入れP97－⑤　⑨箸／P97－④　⑩ひつじの箸置き・伊藤満作・840円／Ékoca

エスニック料理 コーディネート ～基本編～

素朴な風合いの陶器を中心に、
花柄の取り皿と飾りの花を印象的に配置しました。
エスニック料理ならではの食材も
コーディネートを引き立てています。

うつわの紹介と料理のレシピはP108

エスニック料理「コーディネートアイデア」

Coordination

タイ料理とベトナム料理をイメージした
コーディネートのアイデアをまとめました。
葉っぱや花を使って、華やかなテーブルを楽しみましょう。

和のうつわもラタン素材のアイテムを組み合わせることで、エスニックらしい雰囲気が出ます。かごの中に皿を入れて料理を盛ったり、コースターをグラスの下に敷くだけでも、コーディネートのアクセントに。旅行やレストランで得たイメージをテーブルでふくらませてみてください。

タイ料理やベトナム料理に欠かせない食材といえばパクチー（香菜）とナンプラー（ニョクマム・魚醤）。しょうゆ代わりにナンプラーを使うだけでも普段の一品がぐんとエスニック風味に変わります。お好きな方は、盛り付けにパクチーをたっぷりと。それだけでエスニック気分が高まるはずです。

また、ライムもタイやベトナム料理の酸味付けによく使われる食材。カッ

南国をイメージさせるラタン素材の小物をうつわと一緒にコーディネートしてみよう。

和食のように見える煮ものも、パクチーを飾ればたちまちエスニック料理に早変わり。

カットしたライムを小鉢に盛って。さわやかな色と香りが食卓をエスニック気分に。

トしたライムを別皿に盛って添えるのも、さわやかでエスニック料理らしい演出です。

料理の盛り付けに葉っぱや花を使うのも、エスニック風の盛り付けになります。おもてなしのときなどは、食卓が華やかになって喜ばれるでしょう。地味なおかずもかわいらしい印象に変わります。

食卓に南国風のカラフルな花を飾るのも楽しいアイデア。1～2輪、小さな花瓶に生けたり、花だけをうつわに浮かべたりして、リゾート風にテーブルを飾るのがおすすめです。

うつわは、料理を入れるのが基本ですが、ときには花を生けてもいいもの。柔軟にいろいろな使い方をするのもうつわの楽しみ方の1つです。

付け合わせの冷凍ポテトフライも葉っぱと花で華やかに変身。立派な一品料理になります。

デンファレ、アンスリウム、モカラなど南国イメージの花がおすすめです。

エスニック料理
コーディネート
～応用編～

大柄のテーブルクロスも、食材やうつわと
色合いを揃えたことで、まとまりが出ています。
天然素材のコースターや箸がエスニック気分。
さまざまなうつわの形も食卓を楽しい雰囲気に。

うつわの紹介と料理のレシピはP109

エスニック料理 Goods

「コーディネートが楽しくなるグッズ」

日常の食事ではないタイ料理やベトナム料理用の
コーディネートは、手頃な価格の小物と
お花で気軽に楽しみましょう。

エスニック料理には天然素材の小物がよく合います。

箸も自然のイメージを残した、素朴な竹や木のものがぴったり。和食でも違和感なく使えるものがありますから、両方で使えるものを選べば、コーディネートの幅が広がります。

カトラリーも素材感のあるものを。シェルや木を使用した、遊び心のあるアイテムで、エスニックならではの雰囲気を出したいですね。

色はひすい色がポイント。タイ・ベトナム料理店でも、ひすい色の青磁器がよく使われているようです。調味料入れなどの小さなものでも、テーブルにあると雰囲気が出ます。

ラタン素材のマットがあれば、それだけでエスニック風になります。鮮やかな色の花を飾れば、あとは普通のうつわでも食卓はリゾート気分です。

●天然素材の箸

自然の風合いを生かした箸は、エスニックだけでなく、どんな料理にも意外と合います。
①ともに著者私物

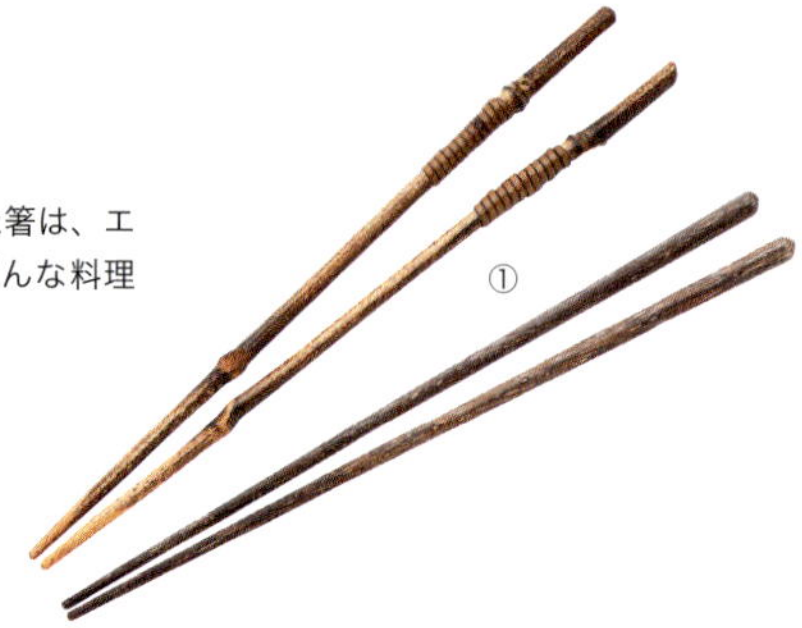

③

②

●シェルや木の カトラリー

普通のカトラリーでももちろん OK ですが、もう少しこだわるなら天然素材のものをチョイス。

②著者私物

③水牛とチークのスプーン、フォーク・各945円／Allegory HomeTools

⑥

⑦

④

⑤

●ラタン素材のマット

アジア雑貨店で手に入れられます。手頃で扱いやすい、おすすめアイテムです。

⑥レクトプレイスマット 色：DBR（インドネシア）・2520円・30×22㎝／karako

⑦プリントランナー（インドネシア）・各1680円・102×34㎝／karako

●ひすい色のうつわや 調味料入れ

ちょっと高級なエスニック料理店でよく見られるうつわの色。パクチーやライムの色とも調和します。

④著者私物

⑤ボタニカル チリポット・399円、スモールスプーン・158円／karako

Recipe P100-101

①めし碗P31－⑦
②汁碗P33－⑤
③主菜用のうつわP36－③
④副菜用のうつわP41－⑤
⑤取り皿P46－③
⑥深皿P53－⑤
⑦箸P106－①
⑧デザートレンゲ長石釉《ちょうせきゆう》・安齋新、厚子作・1575円／暮らしのうつわ 花田
⑨豆石皿・3150円・径7㎝／Promenade
⑩石 箸置き・安達健作・500円／Promenade
⑪白灰釉蓋物《しろはいゆうふたもの》・城進作・4200円／田園調布いちょう（スプーンは著者私物）

X 鶏とじゃがいものナンプラー煮込み

《材料》玉ねぎ½個　じゃがいも2個　鶏もも肉1枚　にんにくひとかけ　和風だし（顆粒）小さじ1　A［ナンプラー大さじ2　はちみつ大さじ2］　パクチー適量
《作り方》❶玉ねぎは1.5㎝幅にざく切りし、じゃがいも、鶏肉は一口大に切り、にんにくは半分に切りつぶす。❷サラダ油（分量外）を熱した鍋に、にんにく、玉ねぎ、じゃがいも、鶏肉の順に入れて炒めたら、材料が⅔かぶる程度の水（分量外）と和風だしを入れる。❸アクをすくったらAを入れて煮込み、火を止めて、うつわに盛り、パクチーを飾る。

Y エスニックスープ

《材料》絹ごし豆腐½丁　オクラ2本　卵1個　A［水2カップ　鶏がらスープ顆粒小さじ2　レモングラス1本　しょうがの薄切り2枚］　唐辛子1本　ナンプラー小さじ2　ラー油適量　ライム½個
《作り方》❶豆腐は2㎝角に切り、オクラは7〜8㎜幅の小口に切る。❷Aと唐辛子を鍋に入れて火にかけ、沸いたら①を加え、ひと煮立ちしたらナンプラーを入れる。最後に溶き卵を回し入れて、ふわっと火が通ったら火を止める。❸うつわに注ぎ、ラー油をたらし、小皿にライムを添えてお好みで絞ってかける。

W 生春巻き

《材料》ビーフン40ｇ　パクチー1株　きゅうり1本　フリルレタス3枚　エビ6尾　大葉6枚　塩少々　酒大さじ2　ライスペーパー6枚　スイートチリソース適量
《作り方》❶ビーフンは熱湯で戻してざく切り、パクチーはざく切り、きゅうりは細切り、フリルレタスは大きめにちぎる。❷エビは殻と背ワタを取って塩を軽くふり、酒を入れたフライパンに入れて火を通す。エビが赤くなったら取り出して、縦半分に切る。❸ライスペーパーを熱湯にさっとくぐらせて平らに置き、フリルレタス、大葉、ビーフン、きゅうり、パクチーの順に手前半分にのせて半分巻き、奥にエビを置いて巻き終える。❹うつわに盛り、スイートチリソースを添える。

Recipe

P 104 - 105

b ささみともやしのエスニックごまあえ

《材料》鶏ささみ肉2本　もやし1袋　万能ねぎ5本　塩・こしょう各少々　酒大さじ1　A［練りごま・ナンプラー・はちみつ・酢各大さじ1弱］

《作り方》❶鶏肉に塩、こしょう、酒をふり、ラップをして電子レンジで2分加熱し、粗熱が取れるまでラップをしたまま置いておく。❷もやしに1ℓ程度の熱湯を回しかけて水気を絞る。万能ねぎは4cm幅に切る。❸①を手でさき、②とともにAであえ、冷蔵庫で味をなじませる。

c グレープフルーツアイスティー

《材料》アイスティー（加糖）1½カップ　100%グレープフルーツジュース½カップ　氷適量

《作り方》アイスティーとグレープフルーツジュースを混ぜ合わせて氷を入れたグラスに注ぐ。

①汁碗P35−⑥　②主菜用のうつわP37−④　③副菜用のうつわP42−①　④中鉢P51−④　⑤グラスP63−⑧　⑥箸P106−①　⑦スプーン丸・小沢敦志作・3150円／うつわ楓　●箸置き・取り箸／著者私物

z 帆立のグリーンカレー

《材料》（作りやすい分量）タイ米2合　玉ねぎ1個　なす3本　しめじ1パック　帆立貝柱8個　グリーンカレーペースト50g　ココナッツミルク1缶（400mℓ）　赤パプリカ½個　オクラ6本　ヤングコーン4本　A［砂糖・ナンプラー各大さじ1〜お好み］　バジル適量

《作り方》❶タイ米を炊く。❷玉ねぎは1.5cm幅のざく切り、なすは一口大に切り、しめじは小房に分ける。❸サラダ油（分量外）を熱した鍋で②と帆立貝柱を炒め、グリーンカレーペーストも加えてさらに炒めたら、水2カップ（分量外）とココナッツミルクを入れて10分ほど煮込む。❹パプリカは1cm幅に縦に切り、オクラ、ヤングコーンとともに1分半、塩ゆでする。❺③にAを加えて調味する。❻うつわに①のタイ米を丸く型抜きして盛り、④、バジルを飾る。スープボウルに⑤のグリーンカレーを注ぐ。

a 別盛りパクチー

お好みでグリーンカレーや副菜のあえものに混ぜられるように、小皿にパクチーを盛る。

Column

2

コーディネートの素敵な脇役たち。

友だちを招く際には、テーブルコーディネートをしてもてなしますが、そんなとき「かわいい！」と言われるのが小物。サーバーやミルクピッチャーなど、どちらかというと脇役のアイテムに注目が集まることがよくあります。そういえば私も、だれかの家に呼ばれて食事をごちそうになるとき、箸置きや調味料入れを見て「素敵」と思うことがよくあります。小物には選び手のこだわりが一番表れているのかもしれません。センスのいい小物を選んで、コーディネート上手になりましょう。

テーブルクロスもコーディネートには欠かせないアイテムですが、高いものも多く、気軽には買えません。生地を買うという手もありますが、端を処理しなければならなくてちょっと面倒。そこで、私がときどきテーブルクロスの代わりに使っているのがストール。実は16ページの花柄のクロスもストールなんです。ストールは手頃な値段で買えるものも多く、色や柄も豊富。端もフリンジになっていて、処理をしなくてもそのまま使えます。テーブルの幅に足りない場合は、ライナーとしてセンターに敷いてもOK。

テーブル用ではないアイテムでも、思いつきや工夫次第で使えるものが実はいろいろあります。私は洋服屋さんに行っても、つい、テーブルで使えそうなものを探してしまいます。

もう1つ、コーディネートでよく取り入れるのが花。大きな花瓶に花束のようなものを飾るのではなく、1輪か2輪、小さな花を小さな花瓶に入れて、食卓に飾るのが好きです。花瓶ではなく、少し深さのあるうつわに花を浮かべるのもかわいい。食卓を明るくする小さなテクニックです。

Part 3

アクセントになるうつわ

個性的なうつわは
やっぱり魅力的。
料理との相性を考えて選べば、
上手に使いこなせます。

おもしろいうつわ

料理より派手なうつわで失敗

以前は、派手すぎるうつわを買って、料理がうつわに負けてしまう…なんて失敗をしたこともありました。そのたびに、料理を盛った様子を想像するのは大切だな、と思ったものです。

そんな失敗を経て、素敵なうつわに出会いました。白地に黄色い花の模様のボウル(上)。私が今持っているうつわの中で一番好きなうつわです。絵柄にはインパクトがあるのですが、食材の色を引き立て、料理の邪魔をしない、使いやすいうつわなんです。

もうひとつ、お気に入りのうつわは、自然の木の実を型にしたボウル（左ページ）。こ

れはひと目惚れで、即決で買ってしまったうつわです。色みは地味なのですが、そのユニークな形が食卓のアクセントにちょうどよくて、友人たちが来たときは、必ずと言っていいほど登場します。サラダを入れたり、ロールキャベツをどっさり盛ったり、さまざまな使い方で楽しんでいます。

いろいろ使える黒いうつわ

アクセントになるうつわで私がおすすめしたいのは黒いうつわ。実は私、白よりも黒いものを多く持っているくらい、黒いうつわが好きです。黒は洋食器にも合わせやすく、おしゃれな印象もあり、そのうえ、料理を引き立ててくれる色です。「うつわを選ぶ目にはまだ自信がないけれど、ワンランク上のコーディネートがしたい」と思ったら、黒いうつわをまずは1つどうぞ。

黒いうつわ

黒いうつわは上級者が選ぶうつわ、というイメージがありますが、実は意外と使いやすい色。サラダや揚げものなど、普段のおかずを盛ってみてください。白いうつわとはまた違う発見があると思います。1つあるとコーディネートがぐっとしまり、モダンな印象になるので、アクセント用のうつわにはぴったりです。

平鉢

白と同じように食材の色を際立たせ、時には食卓をピリッと引き締めてくれる黒いうつわ。最初の1枚なら、こんな使い勝手のよい平鉢を。　黒釉玉縁《こくゆうたまぶち》七寸平鉢・八木橋昇作・3990円・径21×高さ5.5㎝／うつわ楓

サラダに

揚げワンタンとキャベツのサラダ

《材料》キャベツ¼個　鶏ささみ肉2本　ワンタンの皮2～3枚　トマト1個　塩･こしょう･酒･ごまドレッシング（市販品）各適量

《作り方》❶キャベツはざく切りにし、さっとゆでて氷水にとり、水気を絞る。❷鶏肉は塩、こしょう、酒をふりかけ、ラップをして電子レンジで2分加熱。粗熱が取れたら手でさく。❸ワンタンの皮は1㎝幅に切り、サラダ油（分量外）で揚げ、塩を軽くふる。❹①、②と食べやすい大きさに切ったトマトをごまドレッシングであえたらうつわに盛り、③をのせる。

平皿

直径約20㎝の平らな面を利用して、絵を描くように盛り付けるのも楽しい。汁気のない揚げものやオードブルにも便利。　リム皿八寸（黒）・中西申幸作・5250円・径24×高さ2.5㎝／うつわ屋 kiki

フルーツに

揚げものに

スターフルーツプレート

《材料》スターフルーツ1個　マスカルポーネ 50 g　はちみつ小さじ ½　ポアブルローゼ3～4粒

《作り方》❶スターフルーツは7～8㎜幅に切る。❷マスカルポーネとはちみつは混ぜ合わせる。❸うつわに①を並べ、その上に②をのせ、ポアブルローゼを指で軽くつぶしながら飾る。

里芋とアンチョビの春巻き

《材料》里芋6個　しめじ ½ パック　アンチョビ4枚　ピザ用チーズ 30 g　春巻きの皮（ミニ）8枚　万能ねぎ2本

《作り方》❶里芋は加熱してつぶし、しめじはから煎りする。❷ボウルに①、粗みじん切りしたアンチョビとチーズを入れて混ぜる。❸②を春巻きの皮で巻いて揚げ、うつわに盛り、万能ねぎをのせる。

ビアグラス・櫻井亜希子作・2520円／ももふく

中鉢

丁寧に削られた面取り模様が美しい鉢。存在感がありますが、丼代わりにもなる手頃なサイズ。黒《くろ》錆《さび》の渋い色合いが、料理を引き立てます。　黒錆《くろさび》面取《めんとり》鉢・田鶴濱守人作・5775円・径17.5×高さ7.5㎝／zakka土の記憶

デザートに

丼ものに

パーティ杏仁豆腐

《材料》（5～6人分）牛乳2カップ　砂糖60ｇ　杏仁霜《きょうにんそう》25g　板ゼラチン10ｇ　くこの実適量

《作り方》❶板ゼラチンは氷水で3分ふやかす。❷小鍋に牛乳、砂糖、杏仁霜を入れて火にかけ、砂糖が溶けたら水気を切った①を入れて溶かす。❸②をうつわに流し込み、冷蔵庫で冷やし固め、くこの実を飾る。

スプーン／著者私物

ビビンバ

《材料》焼肉100ｇ　ナムル（3～4種）120ｇ　ご飯どんぶり2杯分　キムチ40ｇ　卵黄2個分　コチュジャン適量

《作り方》❶焼肉とナムルの作り方はP99参照。❷ご飯をうつわに盛り、焼肉、ナムル、キムチを上に盛り付けたら、真ん中に卵黄を落とす。コチュジャンをお好みでのせる。

「黒いうつわコーデ」

いろいろな大きさ、形の黒いうつわと白いうつわを組み合わせました。テーブルのセンターにも黒のライナーを敷き、スタイリッシュな食卓に。

①オーバル型土鍋・野村亜矢作・17850円・32×21×高さ10㎝、②炭化粉引《たんかこひき》楕円鉢・野口淳作・5040円・22×19.5×高さ9.5㎝／①②とも、うつわSouSou－爽々－　③オーバルリム皿・加藤かずみ作・3150円・22.5×14.5㎝、④飯碗・加藤かずみ作・各2940円・径10.5×高さ7.5㎝、⑤スプーンレスト・加藤かずみ作・各840円／③～⑤はすべて、加藤かずみ　⑥浅鉢（手前）鉄《てつ》釉《くすり》、（奥）灰粉引《はいこひき》・ともに遠藤素子作・各2625円・径17.5×高さ4.5㎝／器と暮らしの道具OLIOLI　⑦黒長《くろなが》皿・谷井直人作・各2100円・32.2×4.7㎝／QupuQupu　⑧調理箸・奥田漆器・945円／暮らしのうつわ 花田　●レードル、その他の箸、鍋敷き／著者私物

豚肉と水菜の鍋

《材料》水菜1袋（約150ｇ） 長ねぎ1本 豚肉（しゃぶしゃぶ用）お好みで10～20枚 うどんスープの素（粉末）2袋（3カップ分） お好みの漬物3～4種類

《作り方》❶水菜は5㎝の長さにざく切り、長ねぎは斜め薄切りにする。❷土鍋にうどんスープを作り、沸いたら長ねぎを入れて5分ほど煮込む。❸食べる直前に水菜を入れて軽く火を通し、豚肉は色が変わるまでスープにくぐらせる。❹③の豚肉に水菜と長ねぎ、お好みの漬物をのせて巻いていただく。

柄のあるうつわ

自分の好みを存分に反映できる色絵や染付など柄のあるうつわ。料理を盛り付ける入れものであるとともに、それだけで美しい芸術品でもあります。お気に入りを見つけたら、コーディネートの中心にして楽しみましょう。たくさんのうつわを見て、自分のテイストにしっくりくるものを見つけたいですね。

平皿

自由な絵心とやわらかな色合いが楽しい、ポップアートのような1枚。余白をたっぷりとって、うつわを主役にした盛り付けに。　色《いろ》絵《え》まる皿（大）・浜坂尚子作・7875円・径21.5×高さ4㎝／サボア・ヴィーブル

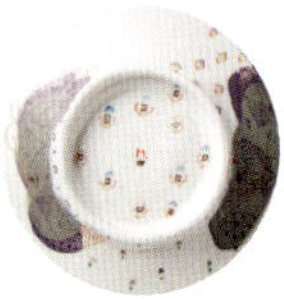

揚げものに

長芋揚げ～梅タルタルソース添え～

《材料》玉ねぎ ¼ 個　カリカリ梅2個　マヨネーズ大さじ2　長芋 ½ 本　A［小麦粉:片栗粉＝1:1で適量］

《作り方》❶玉ねぎはみじん切りにして、ラップをして電子レンジで1分半加熱したら粗熱を冷ます。❷カリカリ梅の種を除き、みじん切りにして、①とともにマヨネーズを混ぜ合わせる。❸長芋は乱切りにし、Aをまぶして 180 度のサラダ油（分量外）で揚げ、うつわに盛って②を添える。

中鉢

手描きの藍色が美しい染付の中鉢。昭和のレトロな雰囲気を漂わせつつも、大胆でモダンな絵柄が新鮮。単色なので意外と料理を選びません。　昭和戦前染付《そめつけ》水《すい》仙《せん》文様《もんよう》鉢・2200円・径20×高さ8㎝／吉祥寺PukuPuku

うどんに

煮ものに

釜揚げうどん

《材料》うどん2玉　めんつゆ適量　おろししょうが・みょうがの小口切り・大葉のせん切り各適量
《作り方》❶うどんはゆでて、ゆで汁ごとうつわに入れる。❷めんつゆはそばちょこに入れ、薬味は小皿に盛る。

青白磁《せいはくじ》 陽刻《ようこく》四方《しほう》皿・村田森作・3150円／utsuwa-shoken onari NEAR
丸文《まるもん》そばちょこ（小）・上泉秀人作・3675円／宙SORA

八角風味の豚角煮

《材料》豚バラ肉（ブロック）500ｇ　長ねぎの青い部分1本分　湯、だし汁各適量　A［八角1個　砂糖大さじ2　しょうゆ大さじ3］　みりん大さじ2
《作り方》❶豚肉、長ねぎを、肉が隠れる量の湯で1時間ゆでる。アクはすくう。❷①の豚肉を5㎝幅に切り、ひたひたのだし汁にAを入れて1時間、みりんを加えてさらに30分煮込み、うつわに盛る。

削り取箸（細）・1050円／QupuQupu

大皿

鶴亀のおめでたい絵柄が施された大振りの色絵皿は、シンプルな料理もゴージャスに見せてくれます。少し汁気のあるものを盛っても大丈夫。　明治前期色絵《いろえ》鶴亀文様《つるかめもんよう》七寸皿・3800円・径27㎝／吉祥寺PukuPuku

野菜料理に

肉料理に

厚切り大根ステーキ

《材料》大根 ½ 本　A[だし汁2カップ　酒大さじ2　薄口しょうゆ大さじ1　みりん大さじ1]　にんにくの薄切りひとかけ分　B［生クリーム ½ カップ　しょうゆ大さじ1½　バルサミコ酢小さじ2]
《作り方》❶大根は5㎝幅の輪切りにし、電子レンジで7分加熱後、Aで30分以上弱火で煮る。❷にんにくと①をオリーブ油(分量外)で焼き、うつわに盛る。❸フライパンでBを煮詰め、②にかける。

牛肉のたたき

《材料》牛もも肉(ブロック) 500ｇ　塩・粗挽き黒こしょう各適量　ポン酢適量　A［クレソン2～3本　マッシュポテト適量]
《作り方》❶牛肉に塩、こしょうをすり込んで5分置き、魚焼きグリルで焼き目をつける。❷①を密封できるビニール袋に入れ、袋ごと氷水につけて粗熱を取る。❸②を薄く切り、Aとともにうつわに盛る。ポン酢をかけていただく。

「柄のあるうつわコーデ」

存在感のある菊柄の大鉢は食卓の主役。ロールキャベツのような洋風の料理にも違和感なくなじみます。うつわの柄に合わせた花を飾って、遊び心もプラスしました。

①色《いろ》絵《え》菊《ぎく》大鉢・12600円・径24.5×高さ12㎝（参考商品）、②沙《しゃ》羅《ら》銀《ぎん》彩《さい》切立《きったち》皿（小）・各3150円・径17×高さ4㎝、③ゆずおりべ平皿（小）・各1680円・径15㎝／①～③はすべて、私の部屋 自由が丘店　④黒緑釉《こくりょくゆう》飯碗・平野寅和作・各3570円・径14×高さ6㎝、⑤ボウル（白）・大中和典作・各2100円・径8.5×高さ4.5㎝／④⑤とも、うつわ謙心　⑥楕円トレイ・しょうぶ学園・4515円・37×19.5×高さ2㎝／間・Kosumi　●箸／著者私物

簡単和風ロールキャベツ

《材料》（10 個分）キャベツの葉 10 枚　豚もも肉（薄切り）10 枚　大葉 10 枚　ピザ用チーズ 100 g　めんつゆ（3倍濃縮）大さじ4　チャービル適量

《作り方》❶キャベツはさっとゆでたら、芯の部分をそぎ落とす。❷①のキャベツに、豚肉、大葉、チーズをのせて巻き、10 個作る。❸②を鍋になるべく隙間のないように敷き詰め、ひたひたの水とめんつゆを入れて 20 分ほど、キャベツがやわらかくなるまで煮込む。❹③をうつわに盛り、チャービルをのせる。

変わった色のうつわ

使うのがちょっと難しそうな色のうつわも、使ってみると案外、料理が映える使いやすいうつわだったりします。まずは小さなものを選んで、アクセントとして使ってみるのがおすすめです。さまざまな材料や作り方、作家によって生み出される和食器ならではの色の魅力を知って、お気に入りを見つけましょう。

中鉢

金属のような冷たさと土の温かさの両方が感じられます。銀を使った釉薬《ゆうやく》が時間とともにいぶし銀に変化するのもおもしろい。　銀《ぎん》彩《さい》掛《か》け分《わ》け楕円鉢・谷井直人作・4830円・22×20×高さ8㎝／うつわSouSou−爽々−

鮭と長ねぎのみぞれ炒め

《材料》鮭（甘塩）２切れ　長ねぎ1本　大根¼本　小麦粉適量　しょうゆ・みりん・酒各大さじ2　大葉2枚

《作り方》❶鮭は３等分に切り、小麦粉をまぶす。長ねぎは斜め切りにする。❷大根はおろして軽く水気を絞り、しょうゆ、みりん、酒を混ぜ合わせる。❸サラダ油（分量外）を熱したフライパンで①を焼きつける。②を加えて、水分がほぼなくなるまで炒め、うつわに盛る。刻んだ大葉をのせる。

カップ

試行錯誤の末発色させた、土そのものの赤色。色も形もあたたかみがあります。ホットドリンクはもちろん、生野菜を刺するなどの意外な使い方も。　赤つち丸カップ（小）・八木橋昇作・2420円・径8×高さ7㎝／器や彩々

野菜スティックに

飲みものに

野菜スティック

《材料》お好みの野菜適量（写真は、セロリ、パプリカ、紫大根）
《作り方》❶それぞれの野菜をスティック状に切り、花を生けるような気持ちでうつわに盛る。

ほうじミルクティー

《材料》ほうじ茶の茶葉 20g　水 ½ カップ　牛乳1½カップ　砂糖大さじ2
《作り方》❶ほうじ茶を小鍋で焦げないように煎り、香りが立ったら水を加えてごく弱火にし、ふたをして5分ほど蒸す。❷①に牛乳を加えて火を強め、沸騰する直前で火を止め、ふたをして 10 分ほど蒸らす。❸茶葉をこしたら、砂糖を加えて再度あたため、うつわに注ぐ。

ポップ花《か》鳥《ちょう》皿（ピンク）・wakka ARITA・4000円／Creema

平皿

薪窯《まきがま》の炎が生んだ、赤い発色と粉引《こひき》の微妙なグラデーションが特徴。自然な風合いが魅力のうつわには、切っただけの野菜やフルーツなどを盛り付けても。　粉引《こひき》6.5寸リム皿・小山義則作・3150円・径20㎝／千鳥

ちらし寿司に

おつまみに

うなぎのちらし寿司

《材料》きゅうり1本　みょうが2個　寿司飯1合分　うなぎの蒲焼1尾分　錦糸卵卵1個分　白ごま大さじ1
《作り方》❶きゅうりは輪切りにして塩（分量外）でもみ、みょうがは小口切りにする。❷寿司飯に①、白ごまを混ぜる。❸うなぎは食べやすい大きさに切り、付属のたれをまぶす。❹うつわに②を盛り、③と錦糸卵をのせる。

玉子《たまこ》手豆《でまめ》箸置き・安齋新、厚子作・1050円／暮らしのうつわ 花田　箸／著者私物

生ハムのいちじく添え

《材料》いちじく2個　生ハム4枚　粗挽き黒こしょう適量
《作り方》❶いちじく1個は、6等分に切り、生ハムは縦半分に切る。❷うつわに盛り付ける。①のいちじくは生ハムと交互に盛り付け、もう1個分は6等分に切れ目を入れて添える。❸こしょうをふる。

「変わった色のうつわコーデ」

織部《おりべ》の印象的な緑色の鉢を中心に、素朴なタッチでまとめました。地味なイメージになりがちな和食の献立も、個性的な色のうつわで楽しくなります。

かぼちゃの塩煮

《材料》かぼちゃ¼個　だし汁1カップ　塩小さじ⅓
《作り方》❶かぼちゃは一口大に切り、面取りをする。❷鍋に①のかぼちゃと、だし汁、塩を入れて火にかけ、沸いたら落としぶたをして20分弱火で煮てうつわに盛る。

もやしとみょうがのみそ汁

《材料》もやし80g　みょうが1個　だし汁2カップ　みそ大さじ2
《作り方》❶だし汁でもやしを軽く煮たら、弱火にしてみそを溶く。❷うつわに注ぎ、薄切りにしたみょうがを盛る。

①織部《おりべ》片口《かたくち》鉢・木曽志真雄作・8400円・径18.5×高さ8.5㎝、②長方《ちょうほう》皿（小）・鈴木稔作・各3675円・21×11㎝、③狂言袴《きょうげんばかま》手《で》菊《ぎく》小皿・長森慶作・各4200円・径12×高さ3.5㎝、④織部反《おりべそ》り片口《かたくち》豆鉢・木曽志真雄作・2100円・径8.5×高さ3.5㎝、⑤（左）織部《おりべ》飯碗、（右）織部掛分《おりべかけわけ》飯碗・ともに木曽志真雄作・各3675円・径12×高さ6㎝、⑥花入れ金属風・林健二作・7350円／①～⑥はすべて、宙SORA　⑦ナイーフ浅椀テラコッタ オム・クラフト木の実・各1575円・径12.5×高さ6㎝／薗部産業㈱　⑧石 箸置き・安達健作・各500円／promenade　⑨白土《しろつち》急須・松宮洋二作・7350円・径6.5×高さ11㎝、⑩ちょこ 縁掛分《ふちかけわけ》・木曽志真雄作・各3150円・径8×高さ6㎝／⑨⑩とも、SHIZEN　●茶色盆、箸／著者私物

豚肉のえのき巻き

《材料》豚バラ肉8枚　えのきだけ1袋　塩・こしょう・小麦粉各適量　A［みそ大さじ2　みりん小さじ2　七味唐辛子適量　サラダ油小さじ1］　すだち½個

《作り方》❶豚肉に塩、こしょうを軽くふり、豚肉の幅に合わせて切ったえのきだけを巻き、小麦粉をまぶし、サラダ油（分量外）を熱したフライパンで焼く。❷Aを混ぜ合わせ、電子レンジで30秒加熱し、みそだれを作る。❸うつわに①を盛り、すだちを添える。小皿に②を入れて添える。

さんまとまいたけのご飯

《材料》（作りやすい分量）米2合　まいたけ1パック　さんま2尾　だし汁1½カップ前後（炊くのに必要な分）　A［しょうゆ大さじ2　みりん大さじ1　酒大さじ2］

《作り方》❶米を洗ったら、Aを入れ、2合目の目盛りまでだし汁を足し、ほぐしたまいたけを入れて炊く。❷内臓を取ったさんまに軽く塩（分量外）をふって焼いたら、骨を除きながら、身をほぐし、炊き上がった①に混ぜ合わせ、うつわに盛る。

長いうつわ

丸い皿の中に1枚あるだけで、ぐっと遊び心のあるコーディネートになるのが長角皿。形だけで十分にアクセントになるので、無地やシンプルな柄のものでもいろいろと楽しめます。

収納のスペースが必要なので、選ぶときは慎重に。手持ちのうつわと相性がよく、多様に使えるものだと出番が多くなるでしょう。

長角皿

スポンジでつけた淡い市松模様のデザインがアクセント。お菓子やオードブルなどを、ちょっとおしゃれに演出したいときに。遊び心をくすぐる1枚。　市松《いちまつ》長角《ちょうかく》皿・苧野直樹作・3360円・28×9.5㎝／うつわ謙心

オードブルに

帆立貝とかぶのカルパッチョ

《材料》
刺身用帆立貝柱（大きめ）4個　かぶ1個　すだち¼個　塩ひとつまみ　オリーブ油（エキストラバージン）適量　ポアブルローゼ4～5粒

《作り方》❶帆立貝柱は2～3等分に薄く切り、かぶは皮をむいて薄切り、すだちは輪切りにする。❷うつわに①の帆立貝柱、かぶを交互に敷き、すだちをのせ、塩をふり、オリーブ油を回しかけ、ポアブルローゼを指でつぶしながら散らす。

長角皿

貫入《かんにゅう》がひなびた雰囲気を醸し出す長角皿。さりげない存在感があり、和洋中を問わず合わせやすいので、おもてなしのテーブルに活躍しそう。　長角《ながかく》皿・川口江里作・5250円・24×13.5×高さ4㎝／zakka土の記憶

パスタに

おつまみに

ブロッコリーソースのオイルペンネ

《材料》ブロッコリー½株　にんにくひとかけ　ペンネ100ｇ　塩・粗挽き黒こしょう各適量　バジル1枚

《作り方》❶みじん切りにしたにんにく、ブロッコリーをオリーブ油（分量外）で順に炒める。❷ペンネをゆで、ゆで汁80ccとともに①に加えからめる。❸塩で味を調え、うつわに盛り、こしょうをかけ、バジルを飾る。

厚揚げのねぎのっけグリル

《材料》厚揚げ1枚　万能ねぎ3本　A［しょうゆ小さじ2　しょうが汁小さじ½　ラー油少々］

《作り方》❶厚揚げは8等分に切り、万能ねぎは小口切りにし、Aの材料はよく混ぜ合わせる。❷アルミホイルに厚揚げをのせ、Aの半量を均等にかけてオーブントースターでこんがり焼く。❸うつわに②を盛り、万能ねぎをのせ、Aの残りを回しかける。

箸／著者私物

長角皿

四隅を切り取った輪郭と、刷毛目の濃淡によって生まれた縞模様に味わいがあります。長くフラットなので、トレイとして使えば盛り付けも自由自在。　刷毛《はけ》目《め》長々《ながなが》皿・正島克哉作・3360円・33.5×12㎝／SHIZEN

デザートに

おかずに

フレンチトースト

《材料》バゲット½本　A［卵2個　牛乳・生クリーム各¼カップ　砂糖大さじ2］　バター20ｇ　B［はちみつ・パウダーシュガー各適量］
《作り方》❶Aの材料をよく混ぜ合わせ、3㎝の厚さに切ったバゲットを中までしっかり浸す。❷フライパンにバターを溶かし、①を中弱火で両面焼く。❸うつわに盛り、お好みでBをかける。

豚の中華風しょうが焼き

《材料》豚肉（しょうが焼き用）6枚　A［玉ねぎのすりおろし½個分　めんつゆ（3倍濃縮）大さじ2　オイスターソース小さじ1　酢大さじ2　しょうが汁小さじ1］　B［パプリカ½個、さやいんげん8本］
《作り方》❶Aに豚肉を10分漬け込む。❷サラダ油（分量外）で①の豚肉を両面焼き、Bも一緒に火を通し、あまったAを回しかけて煮詰めたら、うつわに盛る。

「長いうつわコーデ」

キューブ型の寿司と長角皿の調和がきれいなコーディネート。白を基調にしていながら、個性的なテーブルになりました。丸いボウルを組み合わせてバランスをとっています。

①線彫長角板《せんぼりちょうかくいた》皿・高田かえ作・各3675円・27×18㎝／うつわSouSou－爽々－ ②ボウル（白）・大中和典作・各2100円・径8.5×高さ4.5㎝／うつわ謙心 ③ゆらぎグラス ひと口ビア・西山芳浩作・各2520円・径5×高さ13㎝、④花入れ・笹川健一作・5250円 ／③④とも、l'Outil ●細長皿、箸／著者私物

③

洋風キューブ寿司３種

《材料》寿司飯1合
【ミニドライトマトとオリーブ寿司】ミニドライトマト6個 黒オリーブ2粒 【ズッキーニ寿司】ズッキーニ½本 粉チーズ・粗挽き黒こしょう各適量 【かにマヨ寿司】かにの身（またはかにかまぼこ）４本 マヨネーズ少々 セルフィーユ1～2本（飾り用）
《作り方》❶寿司飯は四角い型に詰めて取り出し、一口大のキューブ状に切る。
【ミニドライトマトとオリーブ寿司】①にミニドライトマトと輪切りにした黒オリーブをのせる。＊ミニドライトマトはミニトマトを半分に切り、クッキングペーパーを敷いた天板にのせ、まんべんなく塩（分量外）をふりかけて 120 度のオーブンで1時間半焼いて作る。
【ズッキーニ寿司】ズッキーニは4～5㎜幅に輪切りして、オリーブ油（分量外）で焼き、塩少々（分量外）をふる。①にのせ、粉チーズとこしょうをふる。
【かにマヨ寿司】①の大きさに合わせて切ったかにの身をのせ、上にマヨネーズと飾り用のセルフィーユをのせる。
❷それぞれの寿司をうつわに盛る。

にんじんと帆立貝のごま酢サラダ

《材料》玉ねぎ ¼ 個 にんじん ½ 本 帆立貝の缶詰 ½ 缶 おろしにんにく少々 A［塩ひとつまみ 白ごま大さじ1 酢大さじ1 しょうゆ小さじ ¼ ～お好み］
《作り方》❶玉ねぎはみじん切りにし、ボウルに入れてラップをかけ、電子レンジで1分半加熱する。❷せん切りにしたにんじん、にんにくを①に加え、さらに1分加熱する。❸ほぐした帆立貝とAを②に入れて混ぜ、冷蔵庫で15 分以上味をなじませて、うつわに盛る。

変わった形のうつわ

和食器には昔から続くいろいろな形のものがあります（Ｐ164～165参照）。作家さんたちが現代風にアレンジしたものもあり、さまざまな形はうつわの大きな魅力の一つ。ひと通り、普段づかいのうつわを手に入れたら、個性的な形のうつわにもトライしてみては。うつわのインパクトに負けないよう、どんな料理を盛り付けるかをよくイメージしましょう。

高台皿

「よろけ縞《じま》」という文様をもとにした柄、面《めん》取《と》りを施した高台《こうだい》と、直線を巧みに使って伝統的な技法をアレンジしたうつわ。　よろけ縞《じま》六寸面取高台《めんとりこうだい》皿・中田正隆作・3150円・径18×高さ8㎝／うつわSouSou−爽々−

オクラとかぶの和風マリネ

《材料》オクラ8本　かぶ2個　A［めんつゆ（3倍濃縮）大さじ1½　オリーブ油大さじ1　柚子こしょう少々］

《作り方》❶オクラはへたをむき、1分半ゆで、氷水にとって水気を切る。❷かぶは皮をむいて8等分に切り、塩（分量外）もみをして水気を切る。❸Aの材料をよく混ぜて、密封できる袋か容器で①、②を漬け（半日以上漬けるとよい）、味がなじんだら、うつわに盛る。

大皿

八角形の程よい立体感と、こっくりとした深みのある色合いが、料理の見栄えをよくしてくれます。おもてなしから一人盛りまで、どんなシーンでも主役に。　八角皿（黄）・大脇直人作・6300円・径29.5㎝／うつわ謙心

肉料理に

パスタに

甘酢唐揚げ

《材料》鶏もも肉2枚　A［しょうゆ・酒各大さじ1　おろししょうがひとかけ分］　B［小麦粉:片栗粉＝1:1で適量］　C［しょうゆ・酢・砂糖・ごま油各大さじ1⅓］　サニーレタス・白髪ねぎ各適量

《作り方》❶ぶつ切りにした鶏肉にAをもみこむ。❷①にBをまぶして揚げ、よく混ぜたCにからめる。❸サニーレタスを敷いたうつわに盛り、白髪ねぎを飾る。

パン皿（丸）・高塚和則作・2600円／木工房 玄
サーバーセット（樺《かば》）・鈴木努作・4720円／K's table

エビとかぼちゃのクリームパスタ

《材料》玉ねぎ½個　エビ8尾　フェットチーネ100g　かぼちゃ⅛個　白ワイン大さじ2　生クリーム½カップ　イタリアンパセリ1茎　塩・こしょう適量

《作り方》❶玉ねぎの薄切りを炒め、エビと白ワインを加える。❷パスタをゆでる。①にゆで汁80cc、生クリーム、電子レンジで3分加熱した一口大のかぼちゃを入れ、塩、こしょうで調味し、パスタをからめ、パセリを飾る。

フォーク／著者私物

小鉢

まさに6弁の花が咲いたような美しさ。金属のように発色する黒と、繊細なデザインが目を引き、どこか華やか。使うほどに光沢が出てきます。
六《ろく》輪《りん》花《か》小鉢・伊藤剛俊作・3150円・径14×高さ4.5cm／うつわ謙心

おつまみに

おかずに

クルミチーズ

《材料》ブルーチーズ60ｇ　くるみ4粒　はちみつ適量
《作り方》❶ブルーチーズは1cm角に切り、くるみは粗みじん切りにしてざっと混ぜ合わせる。❷うつわに①を盛り、お好みで上からはちみつをたらす。

ブラスデザートフォーク・840円／Madu青山店

トマトあんかけ

《材料》トマト2〜4個　A［だし汁1½カップ　薄口しょうゆ大さじ2　みりん大さじ2］　水溶き片栗粉［片栗粉：水＝1：1］適量　みょうが½個
《作り方》❶トマトは皮を湯むきする。❷Aを鍋で煮立たせ、①を10分煮る。❸②からトマトを取り出し、水溶き片栗粉で煮汁にとろみをつける。❹うつわにトマトを盛り、③をかけ、みょうがのせん切りを飾る。

「変わった形のうつわコーデ」

花形に三角形、四角形、さまざまな形のうつわがテーブルの上でまとまるのは、色のトーンを揃えたから。楽しさいっぱいのコーディネートは、ワインパーティにぴったりです。

豆腐のディップ

《材料》（作りやすい分量） 木綿豆腐1丁 山椒の実しょうゆ漬け（市販品）小さじ1 しょうゆ小さじ2 オリーブ油大さじ2

《作り方》❶水切りをして適当にちぎった豆腐と、山椒の実、しょうゆ、オリーブ油をフードプロセッサーでなめらかになるまで混ぜ合わせ、うつわに盛る。

①輪花《りんか》皿（ベージュ）・坪井恵美子作・各2415円・径16×高さ3.8㎝／坪井恵美子 ②カケラ・五月女寛作・5400円・16×14×高さ7㎝／Promenade ③おわん（小）・田中俊介作・各2625円・径13×高さ3.5㎝、④三角皿・樺沢美子作・各2625円・一辺15㎝／③④とも、SHIZEN ⑤ブラスデザートフォーク・840円／Madu青山店 ⑥一輪挿し・加藤かずみ作・3675円／加藤かずみ ●デキャンタ、グラス、スプーン、おわんの下のプレート／著者私物

野菜とエビのつけ合わせ

《材料》お好みの野菜適量（かぼちゃ、カリフラワー、グリーンアスパラガス、スナップエンドウ、パプリカなど）　エビ（ブラックタイガー）8尾
《作り方》❶野菜は適当な大きさに切り、蒸すかゆでる。❷エビは殻と背ワタを取り、塩、こしょう、酒各少々（分量外）をふりかけてフライパンで焼く。

サーモンのディップ

《材料》（作りやすい分量）　玉ねぎ¼個　スモークサーモン200ｇ　ケイパー小さじ1　オリーブ油大さじ2　塩・粗挽き黒こしょう各適量
《作り方》❶玉ねぎはみじん切りにして、電子レンジで1分加熱したらさっと流水で洗い、スモークサーモン、ケイパー、オリーブ油とともにフードプロセッサーにかけ、塩、こしょうで味を調え、うつわに盛る。

木のうつわ

やわらかい手触りや木目の美しさは木のうつわならではのもの。ナチュラルな色合いは陶磁器とも相性がよく、使えば使うほど味が出てきます。木工は扱いが難しい印象がありますが、水に長時間つけるなどしなければ、あとはそれほどお手入れに手間はかかりません。ずっと大切に使い続けて、色やつやの変化を楽しみたいうつわです。

ボウル

ハイジの家にありそうなシンプルで丈夫なボウルには、やっぱりスープが似合います。手にするだけで木の温もりが伝わるよう。　めいぼくボウル　ひらポム　ナラ　18・6300円・径18×高さ6㎝／薗部産業㈱

スープに

オイスターチャウダー

《材料》玉ねぎ¼個　じゃがいも1個　にんじん⅓本　ベーコン2枚　カキ8個　小麦粉適量　コンソメ顆粒小さじ1　牛乳1カップ　塩・粗挽き黒こしょう各適量　イタリアンパセリ1茎

《作り方》❶玉ねぎは粗みじん切り、じゃがいも、にんじんは各1cm角に切る。ベーコンは1cm幅に切る。❷カキは小麦粉をまぶし、サラダ油（分量外）を熱したフライパンで焼く。❸鍋にサラダ油（分量外）を熱し、①を炒めたら水1カップ（分量外）とコンソメ顆粒を加えて5分ほど煮、牛乳と②を入れる。❹塩、こしょうで調味して、うつわに注ぎ、パセリをのせる。

カッティングボード

クルミの板を丸彫りで丁寧に仕上げ、やわらかな表情をつけた木工職人の手仕事。お皿やプレート代わりに使うのも、楽しいアイデア。　カッティングボード（中）・高塚和則作　5280円・36×22㎝／木工房 玄

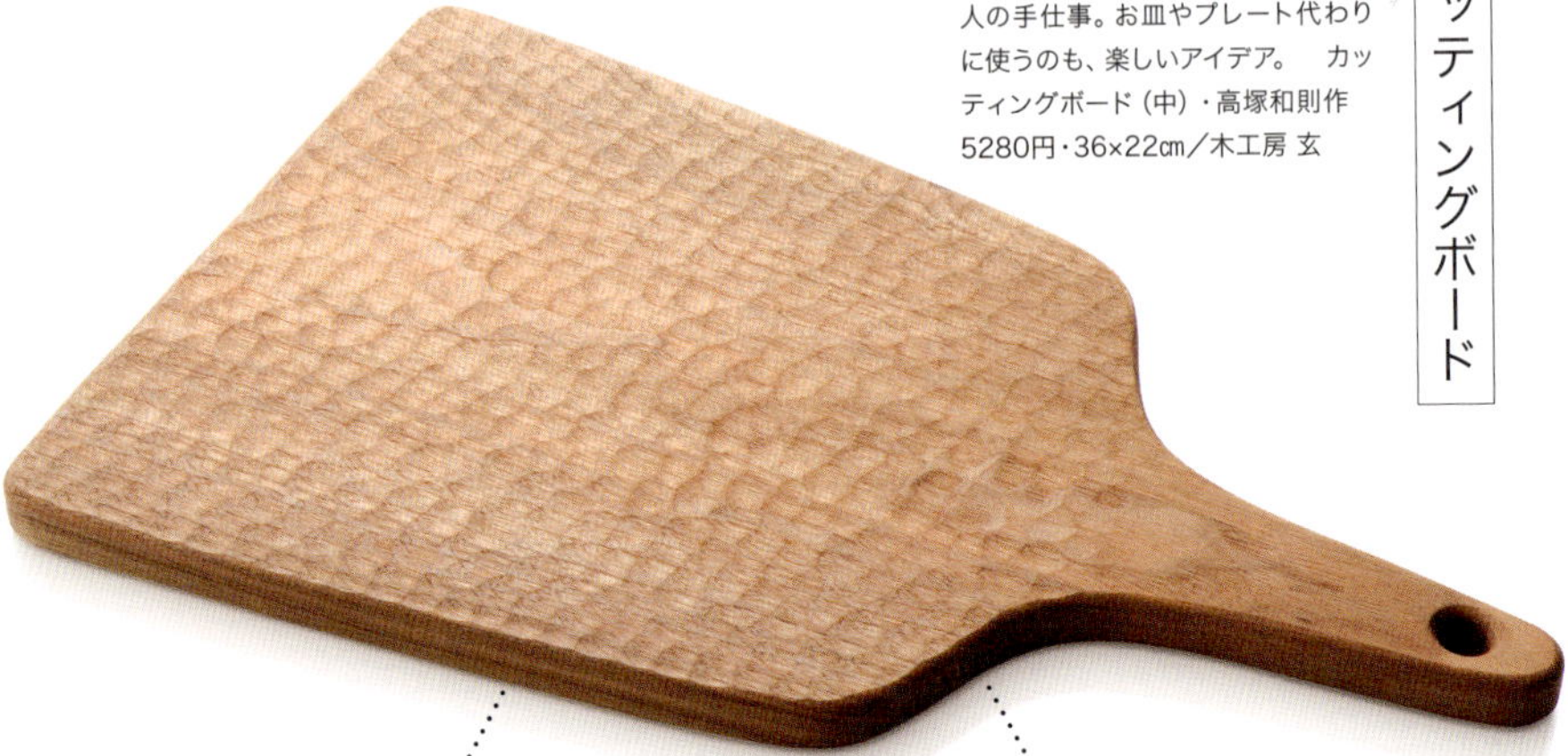

ベーグルに

ピザに

ベーコンエッグのからしマヨサンド

《材料》卵1個　ベーコン2枚　ベーグル2個　A［マヨネーズ大さじ1　からし少々］　塩・こしょう各少々　グリーンカール1枚

《作り方》❶卵を溶き、塩、こしょうをふり、スクランブルエッグを作る。❷ベーコンは6㎝幅に切って焼く。❸混ぜたAを、横半分に切って焼いたベーグルに塗り、グリーンカール、①、②を挟む。

黄白《おうはく》磁《じ》外鎬《そとしのぎ》マグカップ・鈴木重孝作・3990円／うつわ謙心

生ハムと温泉玉子のサラダピザ

《材料》トルティーヤ生地（市販品）1枚　ベビーリーフ30ｇ　生ハム30ｇ　シーザードレッシング（市販品）適量　温泉卵1個

《作り方》❶トルティーヤ生地をトースターで焼く。❷①をうつわにのせ、ベビーリーフ、生ハムを盛り、シーザードレッシングを回しかけ、温泉卵を真ん中に落とす。

ぐいのみ

日本酒が「するり」とおいしく飲めることから命名。杯と高めの高台《こうだい》とのバランスが美しく、ちょっとした酒の肴を盛ってもさまになります。
めいぼく酒杯するり けやき・1890円・径7.5×高さ5.5㎝／薗部産業㈱

薬味に

ゼリーに

変わり薬味２種

《材料》【梅おろし】大根 80ｇ　梅干（大きめ）1粒
【香味のつま】長ねぎ2㎝　貝割れ大根 20ｇ　おろししょうが少々
《作り方》【梅おろし】大根をおろし、軽く水気を絞ってうつわに盛り、たたいた梅干を乗せる。
【香味のつま】長ねぎはせん切り、貝割れ大根も2㎝長さに切り、おろししょうがと混ぜて、うつわに盛る。

マスカットと梅酒のウェルカムゼリー

《材料》マスカットジュース ½ カップ　板ゼラチン３ｇ　梅酒サワー(市販品)½ カップ　セルフィーユ少々
《作り方》❶板ゼラチンは氷水で３分ふやかし、小鍋で温めたマスカットジュースに入れて溶かす。❷①の粗熱が取れたら冷蔵庫で固める。❸うつわに梅酒サワーを半分程度注ぎ、②のゼリーをフォークで削り取ってうつわに盛り、セルフィーユをのせる。

八角皿（小）・長峰菜穂子作・3150円／SHIZEN

「木のうつわコーデ」

重箱も、木工ならカジュアルなイメージになります。シンプルな取り皿を添えて、気取らないお弁当スタイルに。木のあたたかみが料理を引き立ててくれます。

いなりずし

《材料》油揚げ5枚　A［だし汁1カップ　砂糖大さじ2　みりん大さじ2　しょうゆ大さじ3］　ご飯2合　寿司酢大さじ4　ゆかり10ｇ　カリカリ梅２粒

《作り方》❶油揚げに熱湯をかけ、半分に切ったら、中を開く。❷Aを入れて火にかけた鍋の中で、①を10分ほど煮たらそのまま冷ます。❸ご飯に寿司酢を混ぜたら半分に分け、半量にはゆかりとみじん切りにしたカリカリ梅を混ぜ合わせる。❹②の汁気を取り、③の寿司飯、梅ゆかり寿司飯を詰めて、うつわに盛る。

①孟宗竹《もうそうちく》二段重箱・9450円・16×16×高さ11㎝、②灰粉引《はいこひ》き筒湯《つつゆ》のみ・三笘修作・2520円・径6.5×高さ7.5㎝、③灰粉引《はいこひ》き茶杯《ちゃはい》・三笘修作・2310円・径8×高さ5㎝、④黄石釉高台《おうせきゆうこうだい》菓子皿・三笘修作・各3675円・径13㎝、⑤さび花入れ・三笘修作・7350円／①～⑤はすべて、間・Kosumi　⑥メープルプレート15㎝・各2100円・径15㎝／私の部屋 自由が丘店　⑦パン皿（角）・4950円・18×20㎝／木工房玄　●箸／著者私物

焼鳥

《材料》鶏もも肉1枚　長ねぎ ½ 本　A [しょうゆ大さじ 1½　砂糖大さじ1　みりん大さじ2　酒大さじ 1½]　塩・こしょう各適量　グリーンカール2枚

《作り方》❶一口大に切った鶏肉に塩、こしょうをふり、長ねぎは 4㎝幅に切る。❷サラダ油(分量外)を熱したフライパンで①を焼き、よく混ぜ合わせたAをからめて煮詰める。❸うつわにグリーンカールを敷き、その上に②の鶏肉と長ねぎを盛る。

タコと豆のマリネ

《材料》ゆでダコ 60ｇ　クレソン1束　サラダビーンズ 60ｇ　塩・こしょう各少々　砂糖ひとつまみ　オリーブ油大さじ1　ワインビネガー大さじ1

《作り方》❶ゆでダコは 1.5㎝角に切り、クレソンは1.5㎝の長さにざく切りする。❷①と、残りの材料をすべて混ぜ合わせて冷蔵庫に入れ、味をよくなじませたら、うつわに盛る。

ガラスのうつわ

陶磁器にガラスのうつわが加わると食卓が明るく、軽やかになります。夏のうつわと思いがちですが、一年中おかずやデザートを盛って楽しみたいですね。あまりに薄いものだと、洗ったりしまったりするときに扱いにくいので、最初は適度な厚みと重さがあるものがおすすめです。デリケートすぎない、普段づかいできるものを見つけましょう。

深皿

チャームポイントはかわいい「ツノ」。ゆるやかな四角のラインと、とろりとした質感、程よい厚みも魅力的。表情豊かなガラス皿です。　ツノ皿（S）・沖澤康平作・2840円・14.5×14.5×高さ4㎝／QupuQupu

デザートに

マンゴーグレープフルーツシャーベット

《材料》100％マンゴージュース1カップ
100％グレープフルーツジュース ½ カップ
ミントの葉適量
《作り方》❶マンゴーとグレープフルーツのジュースを混ぜ、底面積のなるべく大きなバットや型に流し込み、冷凍庫で冷やし固める。❷2～3時間経ったころに、フォークで全体を削りながら混ぜ合わせ、さらに1～2時間冷やす。❸フォークで削るようにすくってうつわに盛り、ミントの葉を飾る。

ボウル

表面全体を削ってツヤ消しにした後、縁だけ磨き、1点1点カットして「あられ」を描いています。味のある水玉模様と、使い勝手のよさに愛着がわきます。　あられ・大迫友紀作・4620円・径11.5×高さ7.5㎝／poooL

お菓子に

お茶漬けに

メレンゲ

《材料》卵白2個分　グラニュー糖 50 g
《作り方》❶汚れのないボウルによく冷やした卵白とグラニュー糖を入れ、しっかりと角が立つまで泡立てる。❷オーブンを 110 度で予熱する。❸天板にクッキングシートを敷き、絞り袋に①を入れ、絞り出したら、110 度で 50 分焼く。※途中で 2 回ほどオーブンのドアをあけて水蒸気を逃がすとよい。

めかぶの冷やし茶漬け

《材料》めかぶ 1 パック分　冷たいご飯茶碗 2 杯分　柴漬け 20 g　白ごま少々　冷たいだし汁1½ カップ
《作り方》❶めかぶに付属のたれを混ぜ合わせる（なければめんつゆを混ぜ合わせる）。❷ご飯をうつわに盛り、めかぶと柴漬けをのせ、白ごまを散らし、だし汁をかける。

手付ピッチャー・横山拓也作・6300円／宙SORA
コースター（角）・1500円、サクラのスプーン・1260円／木工房 玄

平皿

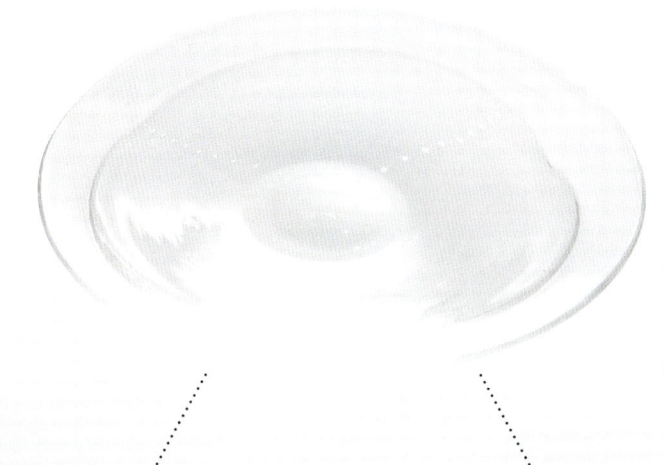

ガラスの水たまりのようにも見える、なめらかなガラスの皿。少しの泡が透明感を際立たせます。目先を変えて、あえてあたたかい料理を盛ってもいいでしょう。

ディップ皿・荒川尚也作・3675円・径18㎝／Promenade

揚げものに

蒸しものに

れんこんのはんぺんはさみ揚げ

《材料》はんぺん1枚　れんこん小さめ1節分（約150g）　A［小麦粉：片栗粉＝1：1で適量］　すだちなどの柑橘類適量

《作り方》❶はんぺんは袋に入ったまま手でつぶす。❷れんこんは皮をむき、5～6㎜厚さの輪切りにする。❸②のれんこん2枚で①を挟み、Aをまぶして揚げる。❹切ってうつわに盛り、柑橘類を添える。

蒸し鶏のおろしきゅうりソース

《材料》鶏むね肉1枚　きゅうり1本　A［なめたけ30g　ラー油適量］　酒大さじ1　塩・こしょう各適量

《作り方》❶皮を除き、塩、こしょうをした鶏肉を水1カップ（分量外）と酒とともに火にかけ、ふたをして10分、火を止めて、余熱で20分以上火を通す。❷きゅうりをすり、Aを加えて混ぜる。❸①をそぎ切りにし、うつわに並べ、うつわに入れた②を添える。

小鉢／著者私物

「ガラスのうつわコーデ」

さわやかなデザートには透明感のあるガラスのうつわがよく合います。サイズ違いの鉢と、料理の色に合わせた緑色のクロスや小物で統一感を出しました。

マチェドニア風デザート

《材料》お好みのフルーツ（写真はブルーベリー、りんご、パイナップル、マスカット）うつわに合わせて適量　スパークリングワイン（ジンジャーエールなどでも）適量　ミントの葉適量

《作り方》❶フルーツを1.5㎝角くらいの大きさに揃えて切る。❷うつわに①のフルーツを入れ、スパークリングワインをひたひたに注ぎ、ミントの葉を飾る。

①楕円モール鉢（大）・西山芳浩作・5250円・21×15×高さ８㎝、②楕円モール鉢（中）・西山芳浩作・各2520円・13×10×高さ4.5㎝、③取皿・二川修作・各1575円・15×12.5㎝、④ミヤクリぐいのみ・西山芳浩作・4200円・径５×高さ７㎝、⑤葉壜《はびん》・キタムラマサコ作・4725円／①～⑤はすべて、l'Outil ⑥槌目《つちめ》 コーヒースプーン・380円／Allegory HomeTools　●レードル／著者私物

④
⑤
②
③
⑥

Column 3

うつわの気になる値段。

和食器というと「高い」というイメージはありませんか？　うつわ専門店は敷居も「高い」印象があります。でも、この本に出てくるうつわはほとんどが2000～5000円の間におさまるもの。高いものでも1万円ちょっと。協力してくださったお店は、質のいい品揃えで定評があるお店ばかりですが、若い人が普段づかいできるような、手頃な値段のうつわもたくさん置いてあるのです。

「作家もの」のうつわも、一見手が届かない感じがしますよね。でも、こちらも大丈夫。手が届く値段で買える、作家さんたちの素敵な作品が実はたくさんあるのです。好きな作家さんを見つけたら、作品展に行ってみましょう。実際にお話を聞く機会に恵まれることもあります。作家さんとそのうつわとの出会いがあって、作品を追いかけていく楽しみも生まれます。

それから、骨董品もなんだか高級品のイメージ。美術館や格式高い家にあるもの、と思いがちです。でも、美術品としての価値は高くなくても、普段使うのには十分素敵なものに出合うことができますから、骨董品やさんもぜひのぞいてみてください。

自分にとって高すぎる、と思ううつわは大事にしすぎて、出番が少なくなってしまうこともあります。お金の感覚は人それぞれですが、私にとっては1客なら気軽に買えるけれど、2客揃えるとちょっと高いな、と感じるくらいが心地よいうつわの値段です。そのくらいのものを選べば、愛着を持って長く使えるうつわになってくれます。うつわは使って楽しむもの。無理せず、程よい値段のものを選ぶのが一番です。

Part 4

うつわの基礎知識

知識があると、
うつわ選びはもっと楽しい！
知っていると便利な
うつわの基本をまとめました。

Part4

1

うつわの種類

うつわには大きく分けて陶器と磁器があり、土や焼成温度などが違うことから、印象や質感が異なります。

陶器

粉《こ》引《ひき》パスタ皿・喜多村光史作・8400円・径24×高さ4.5㎝／うつわ謙心

ぽってりとしたあたたかみのある質感

「土もの」と呼ばれる陶器は、吸水性の高い粘土質の土で形作られ、釉薬《ゆうやく》をかけて900～1300℃で焼成されます。手にするとあたたかみを感じさせ、磁器に比べて厚みがあるのが特徴。指先で軽くはじくとやや鈍い音がします。土と釉薬の収縮率が違うことから、表面にひびが入ることもありますが、これは貫入《かんにゅう》といい、陶器の持ち味のひとつ。釉薬をかけずにそのまま焼いたものは焼《や》き締《し》めといいます。

磁器

染付《そめつけ》牡丹《ぼたん》唐草《からくさ》八寸皿・新道工房・9450円・径24.5㎝／うつわ謙心

透明感のある凛としたたたずまいが身上

陶石と呼ばれる石を細かく砕いて作った磁土《じど》を原料に、1300〜1400℃の高温で焼成したものが磁器。吸水性はまったくなく、陶器に比べて薄手で硬質、指ではじくと澄んだ高い音がします。白く、透明感のある器肌《きはだ》で、繊細で美しい絵付けのものが多く見られます。

縄文・弥生時代から作られていた陶器とは違い、磁器は17世紀前半に朝鮮から連れてこられた陶工、李参平《りさんぺい》が有田で陶石を発見し、白磁《はくじ》の成形と焼成に成功したことがはじまり。代表的な産地は有田、九谷、京などがあり、最近は半磁器と呼ばれる陶器と磁器の中間的な性質のものもあります。

Part4

2

サイズの見方

種類の多い和のうつわ。平らな平皿と深さのある鉢に分けて、長さと深さを解説します。

平皿

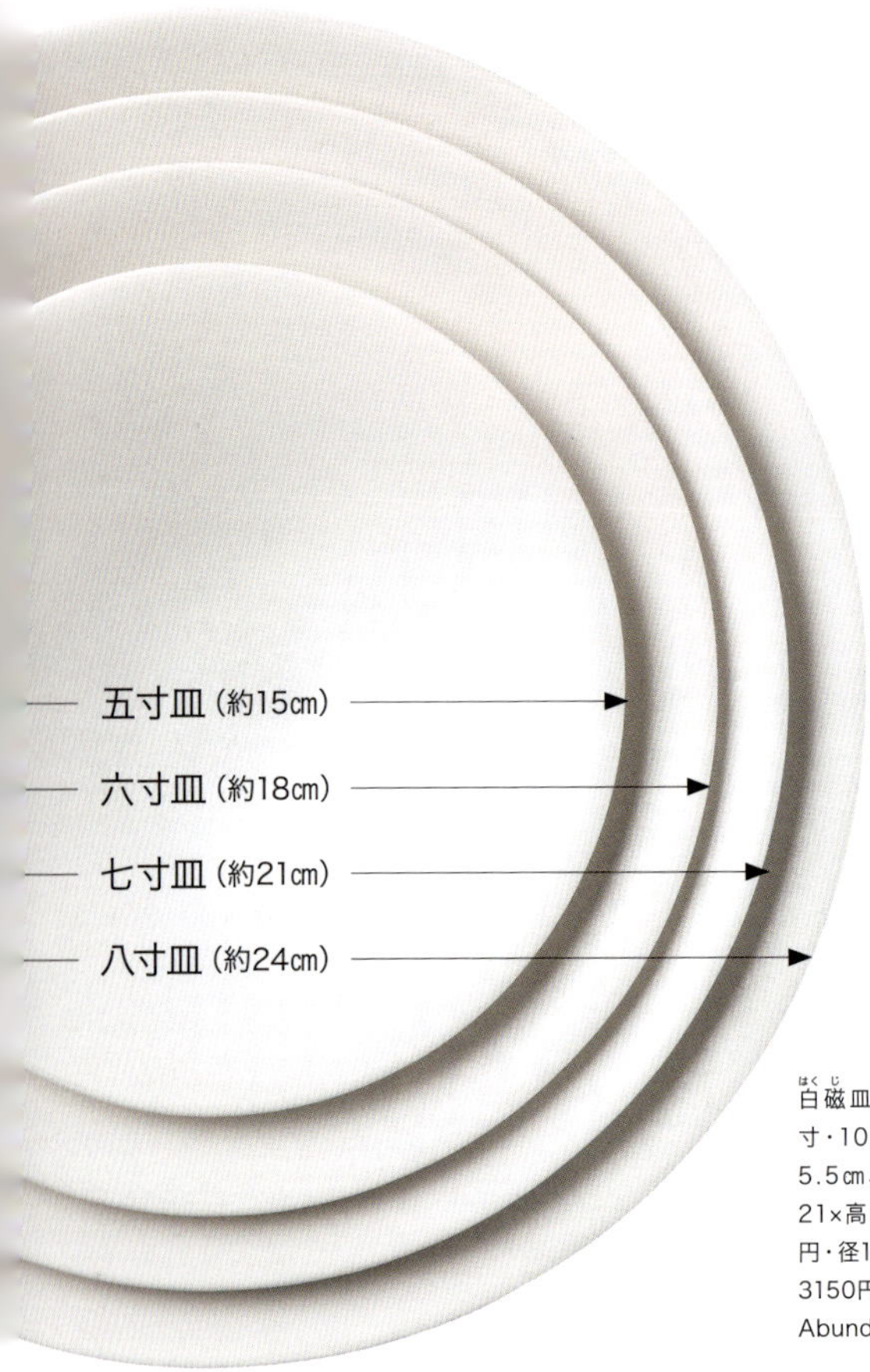

白磁《はくじ》皿鉢・竹内紘三作・八寸・10500円・径24×高さ5.5㎝、七寸・7350円・径21×高さ4㎝、六寸・5250円・径18×高さ3.5㎝、五寸・3150円・径15×高さ2.8㎝／Abundante

長さは「寸」で表します

平皿の直径は「寸」で表示されます。一寸は約3㎝で、五寸以下の小皿から八寸以上の大皿まで約3㎝ごとにあります。

●**五寸皿以下**…取り皿に便利なサイズで、人が集まるときに備えて数を揃えておくのがおすすめ。三寸以下のものは豆皿と呼ばれます。

●**五～六寸皿**…切り身魚など小ぶりなメインディッシュにはぴったり。ボリュームのある副菜にも。

●**六～八寸皿**…一人用のメイン皿。付け合わせがある場合やパス

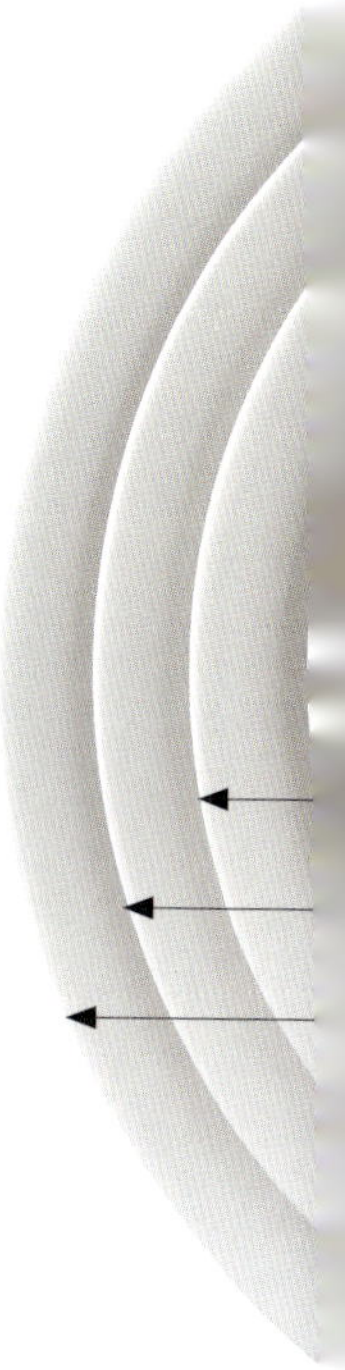

タ、チャーハンなどにも使えます。

●**八寸皿以上**…普段はあまり使いませんが、人が多いときに重宝するのが大皿。八寸程度なら一人分のワンプレートとしても使えます。

鉢

（大鉢）大鉢・十河隆史作・5250円・径23.5×高さ8㎝／うつわ屋kiki　（中鉢）粉引《こひき》鉢・余宮隆作・5250円・径18×高さ6.5㎝／田園調布いちょう　（小鉢）角鉢S（白）・二川修作・1050円・径7.5×高さ3.5㎝／l'Outil

鉢は大中小に分けます

深さのある鉢は3つに分類します。直径12㎝以下が小鉢、12～22㎝が中鉢、22㎝以上が大鉢です。

●**小鉢**…一人分の副菜用や、煮浸しなど汁気のある料理の取り鉢にちょうどよいサイズ。

●**中鉢**…小さめのものはサラダやスープに、大きめのものは肉じゃがやご飯ものに。

●**大鉢**…深さもあり、存在感抜群なのがこのサイズ。煮ものなどを彩りよく中高に盛り付けましょう。

Part4

3

各部の名称

うつわには部分によって呼び名があります。それぞれの名称を覚えておくとお店の方とのお話もスムーズです。

口縁《こうえん》

ふたのついていないうつわの縁のこと。「口辺《くちべり》」「口造《くちづく》り」ともいいます。湯のみ、ぐいのみなど、唇を直接つけるものは、見た目以上に口触りも重要なポイント。厚みや反り具合などをよくチェックして選びましょう。

腰《こし》　胴《どう》

めし碗や鉢など立ち上がりのあるうつわを外側から見たとき、口元に近い部分を「胴」、高《こう》台《だい》に近い部分を「腰」と呼びます。うつわの形によって、「胴がふくらんだ」や「腰が張った」などと表現し、そのフォルムをよりわかりやすく伝えることができます。

使い心地も左右する重要なポイント

和のうつわは手に取ることや唇に触れることが多く、食事をいただきながらその感触も楽しめます。それだけに、手触りや口触りはうつわ選びでも大事なポイント。これらのポイントを含め、うつわの各部分には特別な名称があります。初心者にはなじみのない言葉ですが、知っているとお店の方やうつわ好きな方との話もはずみます。気に入ったうつわを選ぶためにも、覚えておきましょう。

見込《みこ》み

うつわの内側全体、または内底の部分を指します。この部分には文様が描かれていることが多く、全体には草花、底の部分には鳥、蝶や兎などの動物が描かれていることもあります。底のワンポイントは食事を終えて初めて現れるため、来客のときに使うと、ちょっとした楽しみとして喜ばれます。

高台《こうだい》（糸底《いとぞこ》）

皿、鉢、めし碗などの底についている足の部分を高台と呼びます。高台はめし碗や小皿などを手に取りやすく、使いやすくするほか、熱の伝わりをやわらげることもできます。ろくろ成形のときに糸でうつわを切り離すため、「糸底」「糸尻」とも呼ばれます。高台部分はテーブルに直接触れるので、きれいに研がれているものを選びましょう。最近は高台のないものもあるので、その場合はざらつきがないかよく確認してください。

高台裏《こうだいうら》（高台内《こうだいうち》）

染付《そめつけ》飯碗・砂田政美作・2625円・径11.5×高さ6㎝／うつわ楓

Part4

4

いろいろな形

和のうつわにはさまざまな形があります。
食卓に変化をつける
お気に入りを見つけましょう。

木瓜《もっこう》

4 枚花弁の花のようなやさしい形。名の由来は諸説あり、木瓜《ぼけ》の木の断面の形ともいわれています。

色《いろ》絵《え》草《そう》花《か》文《もん》木《もっ》瓜《こ》皿・ほたる窯・2520円・20.5×15.5×高さ3㎝／暮らしのうつわ 花田

楕円《だえん》

テーブルに丸皿ばかり並んでいたら、ひとつ加えてみてください。楽しい変化が生まれます。

渕《ふち》鉄《てつ》楕円皿・ほたる窯・1680円・22×15×高さ2㎝／暮らしのうつわ 花田

羽《は》子《ご》板《いた》形《がた》

その名の通り、お正月遊びの羽つきで使われる羽子板の形。持ち手の部分は右に向けて使います。

五《ご》種《しゅ》縁《えん》起《ぎ》皿 大《おお》豆《まめ》皿（羽子板）・studio m'・630円・11.6×5.4×高さ2㎝／couvert à la maison

菱形《ひしがた》

沼や池に自生するヒシという水草の実の形に由来します。角の丸みや尖り具合で印象が変わります。

青《せい》磁《じ》豆皿・陶房ななかまど・630円／暮らしのうつわ 花田

四方《よほう》

正四角形のうつわのこと。数種のおつまみをオードブル風に盛り付けると、モダンな印象になります。

織《おり》部《べ》格《こう》子《し》文《もん》四《よ》方《ほう》皿・鈴木重孝作・2520円・14.2×高さ2.4㎝／暮らしのうつわ 花田

どら鉢《ばち》

うつわの縁がまっすぐ立ち上がった鉢。寺院などで使われる「銅《ど》鑼《ら》」に因んでこう呼ばれます。

灰《はい》釉《ゆう》ドラ鉢四寸・古賀雄二郎作・2310円・径13.5×高さ4㎝／暮らしのうつわ 花田

高坏《たかつき》

本来は供物の献上用に使われた一本脚のうつわ。上部が皿で脚の数に決まりのないものは高台《こうだい》皿です。

白磁《はくじ》カボチャ馬上《ばじょう》杯・阿部春弥作・2940円・径7×高さ6㎝／暮らしのうつわ 花田

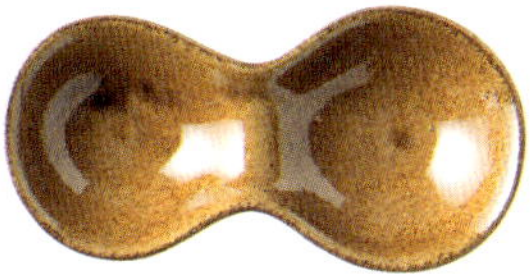

瓢形《ひさごがた》

古来より縁起ものとされている瓢《ひょう》簞《たん》の形。へたがついているものから、単純化したものまであります。
五種縁起《ごしゅえんぎ》皿 大豆《おおまめ》皿（ひさご）・studio m'・630円・12.2×6×高さ2㎝／couvert à la maison

片口《かたくち》

片側に注ぎ口がついているもの。深さによっては、酒から煮ものまでさまざまに用いられます。

黄《き》粉《こ》引《ひき》片口《かたくち》豆鉢・工藤和彦作・2625円・9.5×7.5×高さ5㎝／暮らしのうつわ 花田

亀甲《きっこう》

亀の甲羅に因んで、六角形の皿や鉢をこう呼びます。亀は長寿の象徴ともされ、おめでたい形です。

アメ釉《ゆう》六角ボウル（小）・古賀雄二郎作・2520円・径13.5×高さ6.5㎝／暮らしのうつわ 花田

梅形《うめがた》

春を感じさせる５枚弁の梅の花形。季節のおもてなしやおめでたい席で使用すると喜ばれます。
五種縁起《ごしゅえんぎ》皿 大豆《おおまめ》皿（梅）・studio m'・630円・9.1×8.7×高さ1.7㎝／couvert à la maison

舟形《ふながた》

海に浮かぶ舟を模したうつわ。ゆったりとした姿を生かして、内底に少量盛るとバランスがよい。

三角市松アミューズ小鉢・林京子作・2730円・17.2×8.2×高さ3.3㎝／暮らしのうつわ 花田

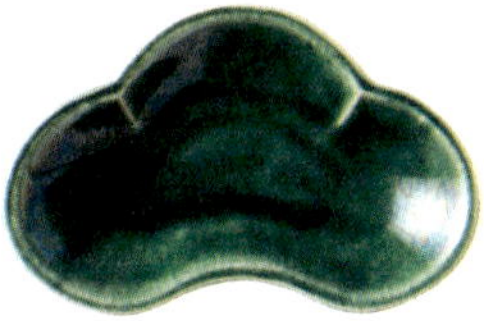

松形《まつがた》

松の形を模したもの。松は長寿の吉祥とされ、日本では神が宿る木として尊ばれていました。
五種縁起《ごしゅえんぎ》皿 大豆《おおまめ》皿（松）・studio m'・630円・11.6×6.4×高さ1.7㎝／couvert à la maison

筒形《つつがた》

湯のみに多い形で、胴がまっすぐ上に伸びたもの。切り立った姿から「切立《きったち》」とも呼ばれます。

有平紋《ありひらもん》湯呑・ほたる窯・1680円・径7×高さ8.5㎝／暮らしのうつわ 花田

隅切《すみきり》

四角形のうつわの四隅を斜めに切った形で、「角切り」とも書きます。お膳などにも見られる形。

錆絵《さびえ》桔梗文《ききょうもん》隅切角《すみきりかく》小皿・宮本茂利作・1680円・8×8×高さ2㎝／暮らしのうつわ 花田

Part4

5

うつわの産地

最近は産地以外でも陶磁器が作られますがやはり原点は産地。技法や風合いなどの特徴を紹介します。

産地名でわかる陶磁器の魅力

陶磁器は「焼きもの」ともいい、その産地名から「○○焼」と呼ばれます。平安時代から現代まで続く古窯《こよう》、鎌倉・室町・桃山時代に大名がこぞって作らせた御用窯《ごようがま》、日常の雑器を作り続ける民窯《みんよう》があり、その地ならではの土を使って技を磨いてきました。日本各地に数多くある陶磁器のふるさとを知るると、産地の名から自然と特徴が浮かび上がるようになり、うつわ選びがより楽しくなります。

①益子《ましこ》焼

益子の名が広まったのは、民藝運動で有名な浜田庄司が築窯したため。土に鉄分が多く、茶や黄色みを帯び、ぼってりとした風合いがモダンな印象で人気再沸騰中。

②笠間《かさま》焼

江戸時代の安永年間に信楽《しがらき》の陶工を招いて始められました。生活に根づいた庶民のうつわが多く、厚手で硬く焼き締まった実直な姿が特徴。陶器市「陶炎祭《ひまつり》」が有名。

③九谷《くたに》焼

石川県の山中温泉付近での陶石の産出がきっかけで始まり、加賀藩の保護によって繁栄しました。透明感のある磁器に、鮮やかな色彩で緻密に描かれる絵付けは圧巻。

④美濃《みの》焼

桃山時代に茶の湯文化とともに発展した産地。黄色の黄瀬戸《きせと》、漆黒の瀬戸黒《せとくろ》、緑釉《りょくゆう》に鉄絵《てつえ》が特徴の織《おり》部《べ》、白っぽい志野《しの》の４種が美濃焼の技法として知られています。

⑨京《きょう》焼

陶器も磁器もあり、焼《や》き締《し》め、絵付けなど技法もさまざま。各産地から技術が伝わり、優美な京風に変化した結果と言えます。江戸初期から個人作家も活躍しています。

⑩備前《びぜん》焼

焼《や》き締《し》めと呼ばれる無釉《むゆう》の力強さが特徴。多彩な発色も魅力です。6世紀中頃に生まれた土器「須恵《すえ》器《き》」に端を発し、平安末期からこの技法が続いています。

⑪萩《はぎ》焼

16世紀末の朝鮮出兵の際、渡来した陶工を毛利輝元が萩に連れ帰ったのが始まり。鉄分が少ない白土《しろつち》を使い、低温でゆっくり焼くため、あたたかみのあるうつわに。

⑫小鹿田《おんた》焼

江戸中期に福岡の小石原焼から分かれた窯で、「一子相伝」により伝統の技が受け継がれています。飛鉋《とびかんな》、櫛目《くしめ》、流し掛けなどモダンな技巧が再注目されています。

⑬唐津《からつ》焼

萩焼と同じく朝鮮の陶工により発展した産地。野趣溢れるざっくりとした風合いで、朝鮮唐津、絵唐津、三島唐津、斑《まだら》唐津など多彩な釉薬《ゆうやく》や文様を見せます。

⑭有田《ありた》焼

萩、唐津と同様、朝鮮陶工により日本で初めて白磁鉱が採掘された土地。格調の高い白磁《はくじ》や青磁《せいじ》、華やかな赤絵、色絵、金襴手《きんらんで》、藍一色の染付が代表的な技法です。

⑤瀬戸《せと》焼

陶磁器を「せともの」というほど、瀬戸は平安時代から続く焼きものの一大産地。一時、瀬戸の陶工が美濃へ移住したことから、美濃焼との共通点が多く見られます。

⑥常滑《とこなめ》焼

鉄分を多く含む山土と呼ばれる粘土で成形し、燃料の樹木の灰が付着して生まれる自然釉《しぜんゆう》が魅力の一つ。有名な素焼きの朱泥急須《しゅでいきゅうす》は比較的新しく、明治に入ってから。

⑦信楽《しがらき》焼

たぬきの置物でおなじみ。歴史は古く、742年に聖武天皇が宮殿の瓦を焼かせたのが始まりと言われています。赤みが強く、自然釉《しぜんゆう》が醸すナチュラルな器肌《きはだ》が特徴。

⑧伊賀《いが》焼

耐火性の高い土を使って高火度で焼成されるため、大胆に自然釉《しぜんゆう》が流れて力強い仕上がりに。奈良時代から続く歴史の古い産地で、特に土鍋に定評があります。

「用語ガイド」

あ

鋳込み（いこみ）

うつわの型を取ること。粘土状の液体を型に流し、成形します。量産品はほぼこの技法で作られます。

色絵（いろえ）

うつわに透明な釉薬《ゆうやく》をかけて焼成し、その上に焼くとガラス質になる色釉《いろぐすり》で絵を描いたもの。赤を主調にしたものは赤絵《あかえ》。

上絵付け（うわえつけ）

釉薬《ゆうやく》をかけて本焼きしたあとに絵や文様を描くこと。本焼きしたあとのつるつるした面に描くので顔料が沈まず細かい描写が可能で、下絵付けに比べて低温で焼くため、鮮やかな色彩が保てます。

織部（おりべ）

千利休の高弟、古田織部の指導により生まれた、深みのある青緑色に焼き上がる力強い作風のこと。全体に緑釉《りょくゆう》がかかった総織部のほか、黒釉《こくゆう》の黒織部、赤土の赤織部などがあります。

か

掛分（かけわけ）

2色以上の色釉《いろぐすり》を上下または左右に施す技法。意図的にはっきり色分けされた様子は大変モダン。

貫入（かんにゅう）

陶器の焼成時に素地《きじ》と釉薬《ゆうやく》の収縮率の相違から生じる細かいひび割れのこと。使い込むうちにひび割れた部分が変色し、味のあるうつわに育ちます。磁器は収縮が少ないため、ひび割れしません。

素地（きじ）

成形された焼き物のこと。焼成前のものを生素地、素焼き後のものを素焼き素地といいます。

金彩・銀彩（きんさい・ぎんさい）

装飾に金や銀を施したもの。通常、上絵付けのときに用いられます。豪華さが増します。

五彩（ごさい）

上絵付けの一種。赤、青、黄、緑、紫を使って文様や絵を施したもの。

呉須（ごす）

酸化コバルトを多く含んだ鉱物。下絵付けし、透明な釉薬《ゆうやく》をかけて焼成すると藍色に変化し、この技法を染付といいます。中国の呉須州で採取されていたことからこう呼びますが、現在は人工的に作られています。

粉引（こひき）

鉄分の少ない白泥釉《はくでいゆう》を全体にかけ、透明釉《とうめいゆう》をかけて焼成したもの。表面が粉を吹いたように見えることから、粉吹《こふき》とも呼ばれます。ぽってりとしたあたたかみのある白が特徴です。

さ

下絵付け（したえつけ）

釉薬《ゆうやく》をかける前に素地《きじ》に色や文様を描くこと。これに使われる顔料を下絵具《したえのぐ》といい、呉須《ごす》、鉄、銅などがあります。上絵付けに比べて色数は少ない。釉《うわぐすり》をかけて焼成すると、染付や鉄絵《てつえ》、釉裏《ゆうり》紅《こう》などと呼ばれる焼きものができます。

鎬（しのぎ）

めし碗、湯のみなどに施す立体的な装飾の一種。ろくろを回しながら、へらで一定間隔に筋をつけるように削り取り、境目の稜線を際立たせたもの。日本刀の刃と峰の間にあるわずかに盛り上がった部分を鎬と呼び、それに因んで名づけられました。

白釉（しろゆう）

鉄分を排除した釉薬《ゆうやく》で、焼成すると艶のある白に仕上がります。

青磁（せいじ）

鉄分を少量含む灰釉《はいぐすり》をかけて還元炎《かんげんえん》で焼いたもので半磁器に多く見られます。澄んだブルー系から青緑色まで鉄分の量や釉薬《ゆうやく》の量などにより、青の発色が微妙に違います。

青白磁（せいはくじ）

白磁《はくじ》と青磁《せいじ》の中間的存在で、淡青色の釉薬《ゆうやく》をかけて焼成したもの。生地に文様を彫ったものが多く、彫った部分は釉薬が溜まって濃くなり、濃淡がはっきりと出ます。

象嵌（ぞうがん）

素地《きじ》が乾く前に文様を彫ったり、判で押し、その部分に素地とは異なる色の土を埋め込んで焼成する技法のこと。唐津焼でよく見られる文様、三島手がこの技法です。

染付（そめつけ）

酸化コバルト（呉須《ごす》）で下絵付けし、透明釉《とうめいゆう》をかけて還元炎《かんげんえん》で焼成した磁器の絵付けのひとつ。中国から渡来した技法で、有田で始まり、全国に広まりました。硬質な磁器に藍色の絵付けは涼しげでファンも多い。

た

鉄絵（てつえ）

酸化鉄を多く含んだ釉材で絵付けをしたもので、鉄砂《てっしゃ》とも呼ばれます。鉄分の量により発色が変わりますが、通常は茶褐色に焼き上がるため、銹絵《さびえ》ともいいます。

鉄釉（てつぐすり・てつゆう）

鉄を含む釉薬《ゆうやく》の総称。鉄の量や焼成方法によって、茶褐色、黒褐色、黄褐色、緑、赤などさまざまに変化します。

鉄点（てつてん）

鉄分の多い土で成形し、化粧土をかけて焼成したものに、ポツポツと円く鉄分が浮き出た状態。鉄粉《てっぷん》ともいいます。粉引《こひき》など淡い色みの器肌《きはだ》によく見られ、シンプルながらアクセントになります。

十草（とくさ）

木賊、砥草と書く、シダ類を模した文様のこと。縦に細いストライプがすっきりモダンな印象。

は

灰釉（はいぐすり・かいゆう）

樹木を燃やして残った灰を原料とする釉薬《ゆうやく》のこと。始まりは無釉《むゆう》で焼成中に燃料の薪が灰になり、その灰が溶けて器にかかったことから。窯の中で変化することがわかり、それ以来さまざまな樹木の灰を使用した釉薬が作られています。楢《なら》、欅《けやき》、樫《かし》、松、藁《わら》などがよく使われます。

白磁（はくじ）

カオリンと呼ばれる高純度の白陶土《はくとうど》で素地《きじ》を作り、透明な釉薬《ゆうやく》をかけて高火度で焼成したもので磁器が中心。以前は透明度が高く、硬質な印象のものがほとんどでしたが、現在ではあたたかみのあるマットなものも多く作られています。

刷毛目（はけめ）

素地《きじ》に硬質の刷毛で白泥釉《はくでいゆう》を塗る装飾技法。勢いのあるものが良質とされています。かすれ具合、濃淡により、さまざまな表情を見せるシンプルな技法。

ま

向付（むこうづけ）

茶懐石で、手前に置くご飯と汁ものに対して、奥に配する簡素な料理のことを向付と呼び、その料理を盛るうつわのこともこう呼びます。瓢箪《ひょうたん》、開《かい》扇《せん》など凝った形のものが多く見られます。

目跡（めあと）

うつわを重ねて焼成するときに、うつわ同士が溶着しないよう、見込みに土の塊や砂、貝殻などを挟みます。そのときにできる跡のこと。現在は、高火度に耐えられる棚板に並べて焼成することが多く、跡が残りません。

面取り（めんとり）

うつわの表面をへらなどで均等に削って多面体に仕上げる状態。湯のみやとっくりなど、胴がまっすぐ伸びたうつわに見られます。また角をそぐように落とすこともこういいます。

や

焼き締め（やきしめ）

釉薬《ゆうやく》をかけずに高火度で焼成する技法。無釉《むゆう》にかかわらず硬く焼き上げているので、透水性がありません。ざらっとした独特の手触りが特徴で備前焼が有名。扱いには注意が必要です。

釉薬（ゆうやく）

素焼きしたうつわの表面にかける液のこと。焼成するとガラス質の皮膜となり、うつわの強度が増し、装飾のひとつにもなります。本来は透明ですが、焼成の方法や着色原料を混ぜることによって、さまざまな焼き上がりに。釉の一字で「うわぐすり」ともいいます。

ら

ルリ釉（るりゆう）

酸化コバルトを含んだ釉薬《ゆうやく》。宝石の瑠璃に似ていることからこう呼ばれます。釉薬の量によって、濃淡が異なり、数回塗り重ねたものは深みのある美しい濃紺に仕上がります。

Column

4

ウェブショップの上手な楽しみ方。

ウェブショップにも素敵なうつわがたくさんあります。自宅にいながら、いつでも好きなお店に行けて、うつわを探せるのは、ウェブショップの最大のメリット。うつわをきれいな写真で紹介しているお店も多く、私は自分自身が写真を撮る際も、よく参考にしています。

ただ、実際にうつわを手に取って見ることはできないので、お店を選ぶときは丁寧に商品の解説をしてくれるところを選ぶことが大切です。

まず、手触りや質感が細かく書いてあると、うつわのイメージがしやすくなります。お店の方が実際に手に取ったときの感想や、料理を盛り付けたときの様子もわかると、より具体的に想像できていいですね。

また、大きさもうつわ選びには大切な要素。目安としてＣＤケースなどと並べて写真を撮ってくれている親切なウェブショップもあります。サイズは必ず明記してあるはずなので、家にあるいちばん近いサイズのうつわで想像するのもおすすめです。それでも心配なときは、お店に電話やメールで問い合わせをしてもいいでしょう。

顔が見えないやり取りである分、逆に楽しい交流もあります。たとえば郵送のときに使われている梱包材がかわいかったり、扱い方を書いてある紙にひと言、お礼の言葉が手書きで添えられていたり…。この本でも、多くのウェブショップの方にご協力いただきましたが、そのときのやり取りでも心があたたかくなる交流がたくさんありました。

近所にうつわの専門店がない、忙しくてなかなかうつわを探しに出かけられない…。そんな方でもウェブショップなら大丈夫。空いた時間にぜひサイトをのぞいてみてください。見るだけでも楽しく、うつわを見る目も自然に磨かれていきますよ。

Part 5

うつわの買い方扱い方

お気に入りを見つけたら、
ずっと大切に使いたいもの。
そのために必要な
お手入れ法を解説します。

うつわの買い方

ずっと大切にできるうつわに出会うために、買うときはいくつかのポイントをおさえておきましょう。

Check Point 1

お店の情報を集める

インターネットやガイドブックで気になるお店やうつわをチェック。お店の雰囲気や、自分好みのうつわがあるかどうかなど、事前に調べておけば、お気に入りが見つけやすくなります。

Check Point 2

お店に行ってみる

「うつわ専門店は敷居が高くて…」なんて声もよく聞くけれど、お手頃な、普段づかいのうつわも結構あるもの。気に入ったお店を見つけたら、何度も通っているうちに、うつわを見る目も磨かれます。

Check Point 3

じっくりうつわを見る触る

気になるうつわを見つけたら、実際に手に取って、じっくり見て、手触りも確かめましょう。重みやかたさ、ぬくもりもうつわ選びの重要なポイント。どんな料理を盛るか、手持ちのうつわや自宅のテーブルとの相性も考えて。うつわに触るときは、お店の人に一声かけるのがマナーです。

Check Point 4

うつわを選んで チェックする

「これに決めた！」と思ったら、高台《こうだい》のざらつきや安定感など細部をしっかり確認しましょう。

お気に入りのうつわと
おうちへ帰ろう！

Check Point 5

お店の人に聞いてみる

買う前に、お店の人にうつわについて詳しく聞いてみましょう。作家さんのお話を聞くと、うつわに対する愛着がぐっと増すはず。うつわに合う料理や取り扱いの方法も聞いておくと安心。

うつわの扱い方

うつわは素材によって扱い方が異なります。お気に入りのうつわを長く楽しむために扱い方を覚えましょう。

陶器

陶器は吸水性が高いため、扱いには少し注意が必要です

使い始め

まず最初に高台をチェックします

新しいうつわを手にしたら、まずはうつわの裏側の高台《こうだい》（糸底《いとぞこ》）を触ってみてください。店頭に並ぶものは処理されているものがほとんどですが、まれにざらつきがある場合があります。そのまま使用するとテーブルや他のうつわが傷つく恐れがあるため、目の粗いサンドペーパーをかけてなめらかにしてから使いましょう。

はがれにくいシールにはドライヤーの温風を

うつわの裏などに貼られているシールが取りにくい場合は、ドライヤーで温風をあてるときれいにはがせます。水につけてふやかしても効果があります。

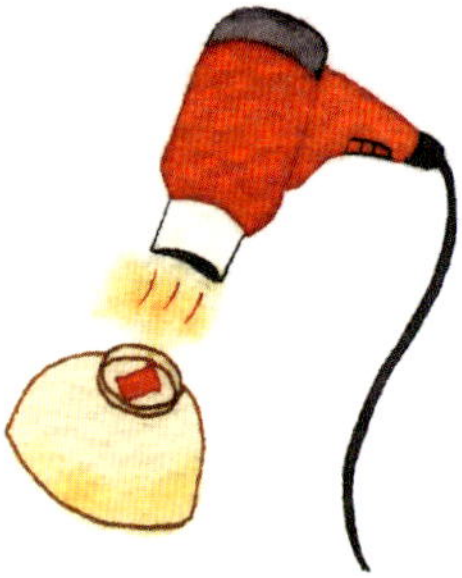

米のとぎ汁で煮沸します

陶器は粒子が粗く吸水性が高いため、買ってきてすぐに料理を盛るとシミになることがあるので、使い始めにしっかり吸水させることが大切です。汚れを落としてから、鍋にうつわと米のとぎ汁をかぶる程度に入れて火にかけ、沸騰したら弱火で20～30分煮沸し、取り出してから自然に冷まして乾かしましょう。

使うとき

使うたびに水をふくませる

使い始めにしっかり吸水させるだけでなく、料理を盛り付けるときはそのつど水に浸し、拭いてから使います。そうしておくと、油や汁が染み込まず、シミや匂いがつく心配がありません。焼《や》き締《し》めなど無釉《むゆう》のものや、貫入《かんにゅう》が入ったものに揚げものを盛る場合は、敷紙を使うことをおすすめします。電子レンジやオーブンは厳禁。

洗うとき

うつわ同士をぶつけないように

台所用の中性洗剤を使い、スポンジでひとつずつ丁寧に洗います。無釉のものはたわしでごしごし洗ってもOKです。注意したいのは、うつわ同士をぶつけないようにすること。特に注ぎ口や取っ手のあるものは、軽く当たっただけで欠けてしまうこともあります。食器洗い機は使わないようにしましょう。

しまうとき

完全に乾かして紙を挟みます

洗い終わったら、よく拭いて完全に乾かしましょう。水気が残ったまま片付けるとカビが生えることも。すすいだ後、さっと熱湯をかけると早く乾きます。収納するときは同じ材質や大きさのものを重ねましょう。特に傷がつきやすいものは、キッチンペーパーなどのやわらかい紙を挟むと安心です。

磁器

陶器よりも丈夫で扱いやすいので、初心者でも安心です

使い始め

きれいに洗うだけで すぐに使えます

陶器のように吸水性が高くないため、汚れやシミがつくことがなく、水に浸すことも煮沸の必要もありません。表面の汚れをきれいに洗っておくだけですぐに使えます。陶器と磁器の両方の性質を持つ半磁器は、陶器と同じ扱いをしておくと安心です。

使うとき

電子レンジや オーブンには注意

陶器のように油や汁がシミになる心配はなく、すぐに使えます。ただ、赤絵、色絵など上絵付けのものは変色することがあるため、酢のものや油ものを長時間盛ったままにしないこと。磁器は硬質なので、電子レンジやオーブンが使えるものもありますが、表示を確認してからにしてください。

洗うとき

上絵付けに漂白剤、食器洗い機はＮＧ

陶器と同じく、台所用の中性洗剤で洗います。色絵や赤絵などの上絵付けされたものは強くこすったり、漂白剤に浸したりすると色があせたり、消えたりします。食器洗い機も避けましょう。

しまうとき

洗うときと同様 上絵付けには注意

基本的に磁器のみで重ねます。上絵付けのうつわは重ねるときにやわらかい紙などを挟んで。丈夫だからといっていくつも重ねると、出し入れのときに危険です。

漆器

扱い方を間違わなければ永久に使えるほど丈夫なうつわ

使い始め

気になる匂いには酢水が効果的

買ったばかりの漆器は匂いが気になるときがあります。そんなときは箱から出し、直射日光を避けて数日置きましょう。それでも気になるときは、薄めの酢水のなかで洗ってよくすすぎ、拭いて一晩乾かします。また、使い始めは熱いものを入れるのは避け、常温のものから徐々に慣らしましょう。

使うとき

急激な温度変化は避けましょう

漆器は丈夫なうつわですが、急激な温度変化に弱いため、熱湯を注ぐ、電子レンジにかけるといった行為は避けてください。また、漆器でデザートやパスタをいただくときは、木のスプーンやフォークを使うと傷つく心配はありません。ただし、もし傷ついても修理できることもあります。

洗うとき

食器洗い機、乾燥機はもちろん厳禁

台所用の中性洗剤を使って、やわらかいスポンジで洗います。研磨剤入りの洗剤やナイロンたわしは禁物。長時間洗い桶につけたり、水気がついたままにするのは避け、洗ったらすぐに拭きましょう。

しまうとき

使いやすい場所を定位置に

陶磁器とは重ねず、漆器同士でもやわらかい紙などを挟むこと。使うほどに光沢が出て美しく変化します。箱にしまわず、出し入れしやすい場所に収納しましょう。

木工

漆器と同様、使うほどに光沢が出る「育つうつわ」です

使い始め

油の膜でうつわを保護

漆器と同様に木でできていますが、仕上げは油で処理されているため、漆器よりデリケート。まずはオリーブ油などの植物油を塗り、余分な油をペーパータオルなどで拭き取ります。これを2～3回繰り返して油をなじませておくと、表面に膜ができて料理を盛ってもシミになりにくく安心です。

使うとき

油分が減ったらオイルをプラス

基本的に漆器と同じで、熱いものが苦手。特に色や匂いの強いものはできるだけ避けたほうが無難です。油分が少なくなったと感じたら、使い始めのように、植物油を塗ってください。唯一、トースト皿は水分を吸わせてパンをパリッとさせるため、油は塗りません。電子レンジやオーブンは使用しないようにしましょう。

洗うとき

水分、湿気を取り適度な乾燥を

漆器と同様に扱います。長時間水につけるのは避けてすぐに水気を拭き、よく乾かしてからしまいます。乾燥しすぎると変形したり亀裂が入ることもあるので、直射日光に当てるのはやめましょう。

ガラス

透明感があって美しい反面、破損しやすいため、扱いはやや慎重に

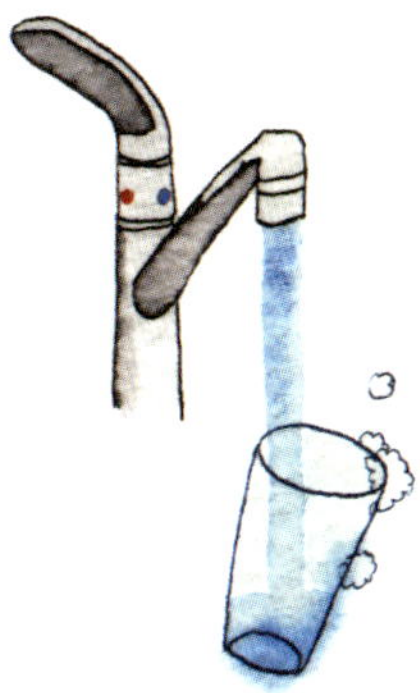

使い始め

ぬるま湯で洗ってすぐに使えます

特別な準備は必要なく、台所用の中性洗剤で洗い、ぬるま湯ですすいだらすぐに使えます。薄いものは特に欠けやすいため、洗うときに力をかけすぎないよう、また、水道の蛇口などに当たらないように注意します。ガラスの材質によって異なりますが、基本的に熱湯に弱いので、煮沸は厳禁。

使うとき

使う前に汚れや曇りをチェック

やはり熱い料理を盛るのは避けてください。ガラスのうつわは透明感が命。料理を盛る前に、指紋などがついていないかをチェックし、気になる場合は毛羽立たない麻のふきんで包みこむように拭きます。花器として使う場合は、洗っただけでは水垢が落ちにくいため、漂白剤が効果的です。

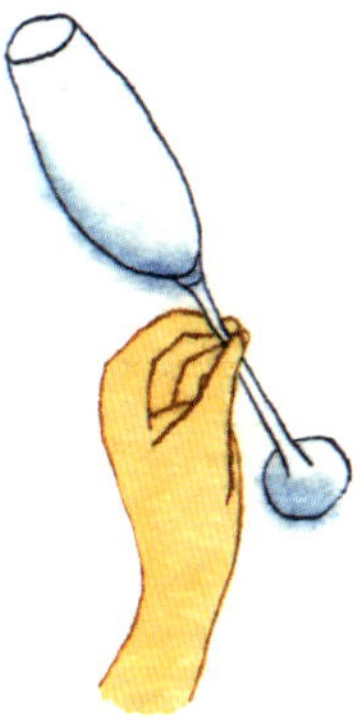

しまうとき

やわらかい紙を挟んで重ねて

洗ったら、軽く水気を切ってふきんにふせて乾かします。収納するときは、キッチンペーパーなどのやわらかい紙を挟んで重ね、できればガラス専用のスペースに片付けましょう。

Recipe

P 8 - 9

①リセ 白釉《はくゆう》三段重・studio m'・3360円・12×12×高さ14㎝／couvert à la maison　②丸紋《まるもん》八角長皿・各3360円・21×8㎝、③裂《さけ》粉《こ》引《ひき》蕎《そ》麦《ば》猪《ちょ》口《こ》・各2520円・径9.5×高さ5.5㎝（参考商品）／②③とも、私の部屋 自由が丘店　④染付《そめつけ》飯碗・砂田政美作・各2625円・径11.5×6㎝／うつわ楓　⑤ナチュラリーメープルボウル・㈱三義漆器店・各2730円・径12×高さ6.5㎝／monsen　⑥白《はく》磁《じ》猪《ちょ》口《こ》型《がた》カップ・小高千繪作・各1890円・径8.3×高さ7.5㎝／H.works　⑦箸置き・伊藤剛俊作・各840円／うつわ謙心　●箸、一輪挿し／著者私物

h だし巻き卵

《材料》卵3個　だし汁½カップ　塩ひと～ふたつまみ　しょうゆ小さじ½　みりん小さじ1　酒小さじ1

《作り方》❶よく溶いた卵に、他の材料を全て混ぜ合わせ、サラダ油（分量外）を熱した卵焼き器に少しずつ流し入れては焼き、巻いていく。❷①を適当な大きさに切ってうつわに盛る。

i ひじきの煮物

《材料》（作りやすい分量）ひじき（乾燥）30ｇ　油揚げ1枚　にんじん¼本　だし汁1カップ　A［砂糖大さじ2　しょうゆ大さじ2　みりん大さじ2］

《作り方》❶ひじきは水で戻して水気を切る。油揚げは熱湯を回しかけて、横2等分して1㎝幅の短冊切りに、にんじんも短冊切りにする。❷サラダ油（分量外）を熱した鍋で①を炒め、だし汁とAを加えて、水分がなくなるまで炒め煮する。

d なめこのみそ汁

《材料》なめこ1パック　だし汁2カップ　みそ大さじ2　あさつき2本

《作り方》❶だし汁を沸かし、なめこを入れて、火を通す。みそを溶き、火を止めて、うつわに注ぐ。小口切りにしたあさつきを散らす。

e 焼き鮭

《材料》塩鮭（切り身）2切れ　大根50ｇ　大葉2枚

《作り方》❶鮭を魚焼きグリルで焼く。大根はおろして軽く水気を絞る。❷うつわに①の鮭を盛り付け、大葉の上に大根おろしを盛る。

f 納豆

たれとよく混ぜて小鉢に盛り、長ねぎのみじん切り少々をのせる。

g 梅干

Recipe

P 10 - 11

①オクシモロン プレートL・イイホシユミコ作・4830円・径27㎝／Spiral Market ②耳付《みみつき》耐熱ボウル・清岡幸道作・各3150円・径13×高さ5.5㎝／うつわSouSou–爽々– ③パン皿（丸）・高塚和則作・各2600円・径15㎝、④サクラのスプーン・各1260円、⑤オノオレカンバのフォーク・各470円／③～⑤はすべて、木工房 玄 ⑥コーヒーポット・石原稔久作・11550円・径13.5×高さ15.5㎝、⑦ミルクピッチャー・石原稔久作・3150円・径9×高さ4.5㎝／⑥⑦とも、H.works ⑧粉引《こひ》きしのぎ蕎麦猪口《そばちょこ》・川口武亮作・各1890円・径8.5×高さ7㎝／うつわ屋kiki ●一輪挿し／著者私物

l サーモンアスパラのバゲットサンド

《材料》（作りやすい分量）グリーンアスパラガス2本　紫玉ねぎ¼個　スモークサーモン3枚　黒オリーブ4粒　ケイパー小さじ½　C［塩・粗挽き黒こしょう各適量　砂糖ふたつまみ］　オリーブ油小さじ2　ミニバゲット1本　フリルレタス1枚

《作り方》❶グリーンアスパラガスは袴をむき、斜め薄切りにして、1分半ゆでて冷ます。紫玉ねぎは薄切りにし、酢水（分量外）に10分さらして水気を絞る。スモークサーモンは小さめに切り、黒オリーブは輪切り、ケイパーは粗みじん切りにする。❷①をCで調味し、オリーブ油を全体にからめる。❸バゲットは真横に切れ目を入れてトーストし、フリルレタスと②を挟み込み、食べやすい大きさに切ってうつわに盛る。

m ぶどうと梨

ぶどうは水で洗い、梨は皮をむいて切り、うつわに盛る。

j ごぼうサラダのバゲットサンド

《材料》（作りやすい分量）ごぼう20㎝　にんじん⅓本　鶏ささみ肉1本　A［塩・こしょう各適量　酒大さじ1］　B［マヨネーズ大さじ2　塩・粗挽き黒こしょう各適量］　ミニバゲット1本　フリルレタス1枚

《作り方》❶ごぼうとにんじんはマッチ棒の大きさに切り、2分ゆでて冷ます。❷鶏肉はAをふり、ラップをして電子レンジで1分半加熱後、粗熱が取れるまで置き、手でさく。❸①と②をBで和える。❹バゲットは真横に切れ目を入れてトーストし、フリルレタスと③を挟み込み、食べやすい大きさに切ってうつわに盛る。

k ミネストローネ

《材料》玉ねぎ¼個　にんじん¼本　かぼちゃ⅛個　ベーコン4枚　トマトジュース¾カップ　コンソメ顆粒小さじ1　塩・粗挽き黒こしょう各適量　パセリ適量

《作り方》❶玉ねぎ、にんじんは各1㎝角に、かぼちゃは1.5㎝角に切り、ベーコンは1㎝幅に切る。❷オリーブ油（分量外）を熱した鍋で①を炒め、水1¼カップ（分量外）、トマトジュース、コンソメ顆粒を加えて10分ほど煮込む。❸塩、こしょうで調味して、うつわに注ぎ、パセリのみじん切りを散らす。

Recipe

P 12 - 13

①刷毛目《はけめ》八寸皿・正島克哉作・4200円・径25㎝、②飴釉丸《あめゆうまる》ボウル・長峰菜穂子作・5250円・径20.5×高さ7㎝、③醤油さし・照井壮作・（黒）4200円、（白）3990円／①～③はすべて、SHIZEN　④ボウル・加藤かずみ作・6300円・径23.5×高さ5.5㎝、⑤片口《かたくち》花入・加藤かずみ作・4200円／④⑤とも、加藤かずみ　⑥日々粉引《ひびこひき》七寸皿・稲吉善光作・各3780円・径22.5㎝、⑦黄釉《おうゆう》豆皿・岸野寛作・各1050円・径9.8㎝／⑥⑦とも、田園調布いちょう　⑧パオ&ユーポス（黒・moegi）<カップ&ソーサーのセット>・村上直子作・セットで（黒）5040円、（moegi）4520円　<カップのみ>径7.2×高さ8㎝／器と暮らしの道具OLIOLI　⑨ピューターはしおきフィラ・各735円／karako　●シルバースプーン・箸／著者私物

p あさりとザーサイの混ぜご飯

《材料》（作りやすい分量）砂出しあさり 30 個　米2合　オイスターソース小さじ2　A［ザーサイ（びん詰・薄切り）50 g　長ねぎ ½ 本］　粉山椒小さじ ¼ ～お好み　万能ねぎ適量

《作り方》❶あさりと水 ½ カップ（分量外）を小鍋で火にかけてふたをし、あさりの口が開いたら貝から身をはずす。❷米を炊飯器に入れ、①の残ったあさりのだし汁と水（分量外）をあわせて米2合分の水分とオイスターソースを入れて軽く混ぜ、米を炊く。❸Aは粗みじん切りにして、①のあさりの身と混ぜ、粉山椒をふる。❹炊き上がった②に③を混ぜ合わせ、うつわに盛り、小口切りした万能ねぎを散らす。

q 中華コーンスープ

《材料》クリームコーン缶（小）1缶（200 g）　鶏がらスープ顆粒小さじ2　塩・こしょう・水溶き片栗粉［片栗粉：水＝1：1］各適量

《作り方》❶クリームコーンと水1カップ（分量外）、鶏がらスープ顆粒を入れて煮立たせ、味を見て塩、こしょうで調味する。水溶き片栗粉でとろみをつけ、うつわに注ぐ。

n 餃子

《材料》（作りやすい分量）白菜 150g　にら1束　にんにく・しょうが各ひとかけ　豚ひき肉 150g　塩小さじ ½　A［オイスターソース小さじ2　酒大さじ1］　餃子の皮 25 ～ 30 枚　B［しょうゆ・酢・ラー油各適量］

《作り方》❶白菜はみじん切りにして、塩（分量外）でもみ、15 分置き、水気を絞る。にらはみじん切り、にんにくとしょうがはすりおろす。❷豚肉に塩を入れてよく練ったら、①とAを入れてさらによく練り、できれば冷蔵庫で 30 分寝かす。❸②を餃子の皮で包み、ごま油（分量外）を熱したフライパンに並べて焼く。❹うつわに盛り、お好みでBをつける。

o さつまいものオイスター炒め

《材料》さつまいも（大）1本　にんにくの芽5本　A［鶏がらスープ顆粒小さじ2　オイスターソース小さじ2］

《作り方》❶さつまいもは乱切りにし、ラップをかけて電子レンジで2分加熱し、にんにくの芽は5㎝幅に切る。❷ごま油（分量外）を熱したフライパンで、①を炒めたら、水 ¼ カップ（分量外）とAを入れて水分を飛ばしながら炒め煮し、うつわに盛る。

Recipe

P 14 - 15

r マスカルポーネのミニどら焼き

《材料》（10 個分）A［ホットケーキミックス 150 g　牛乳 ½ カップ　卵(M) 1個］　B［マスカルポーネ 100 g　キャラメルソース（市販品）大さじ1］　甘栗4粒　こしあん（市販品）100 g　ミントの葉適量

《作り方》❶Aをよく混ぜ合わせ、スープスプーンなどですくって、フッ素樹脂加工のフライパンに直径5㎝くらいの丸に落とし、中弱火で焼く。表面にふつふつ気泡が出てきたら裏返して1分ほど焼く。全部で 20 枚焼く。❷Bを混ぜ合わせ、粗みじん切りにした甘栗を加えて混ぜる。❸①の生地にこしあんを塗り、その上に②を重ね、もう1枚の生地で挟む。❹③の作業を繰り返したら、うつわに盛り、好みで残しておいた B をのせ、ミントの葉を飾る。

①ポット・加藤かずみ作・9450円・径11×高さ9㎝、②林檎のミルクピッチャー・加藤かずみ作・3675円・径8×高さ7㎝、③林檎のシュガーポット・加藤かずみ作・4200円・径8×高さ7㎝、④林檎のマグカップ・加藤かずみ作・各2940円・径7×高さ8㎝／①～④はすべて、加藤かずみ　⑤しのぎ鉄釉《てつゆう》小皿・須藤拓也作・各2310円・径11.5㎝、⑥メモ皿・石原稔久作・各3570円・18×11.5㎝、⑦菓子切フォーク・坂野友紀作・各2940円、⑧ティーコゼー・宮崎桃子作・7560円・幅23×高さ25㎝、⑨ポットマット・宮崎桃子作・径14.5㎝・2625円／⑤～⑨はすべて、H.works

Recipe

P 16 - 17

①長石釉《ちょうせきゆう》パスタ皿・安齋新、厚子作・5040円・径25㎝／暮らしのうつわ 花田　②ボウル（シデ）・須田二郎作・8400円・26.5×25.5×高さ9.5㎝、③ツイストのボウル・津坂陽介作・7350円・径17×高さ8㎝、④黄《き》釉《ゆう》ケーキ皿・小澤基晴作・2940円・径17㎝／②～④はすべて、SHIZEN　⑤めいぼくボウル ポム くるみ・3150円・径11.5×高さ6.5㎝／薗部産業㈱　⑥パイ皿・富山孝一作・8925円・径23.5㎝／Promenade　⑦サクラのフォーク・1260円／木工房 玄　⑧トウガナン シリンダージャー（インドネシア）・2100円／karako　●シャンパングラス／著者私物

（材料は4～5人分）

u コブサラダ

《材料》ブロックベーコン150g　かたゆで卵1個　アボカド1個　ミニトマト8個　黒オリーブ8粒　ロメインレタス½株　鶏胸肉1枚　A［塩・こしょう各適量　酒大さじ1］　コブサラダドレッシング（市販品）適量

《作り方》❶ブロックベーコンは1.5㎝角に切り、フライパンで炒める。❷ゆで卵は角切りに、アボカドは2㎝角に、ミニトマトは2等分に切り、黒オリーブは輪切り、ロメインレタスは手でちぎる。❸鶏肉は皮と脂を除いて厚みを均等にし、Aをふり、ラップをして電子レンジで3分加熱したら粗熱が取れるまでそのまま置き、1.5㎝角に切る。❹うつわに、ロメインレタスを敷き、その他の材料を盛り、ドレッシングをかける。

v アボカドのブルスケッタ

《材料》バゲット½本　アボカド1個　塩昆布大さじ1　レモン汁小さじ1

《作り方》❶バゲットは1㎝幅に切ってトーストする。❷アボカドは小さめに切り、粗みじん切りにした塩昆布、レモン汁と一緒につぶすように混ぜ合わせる。❸①に②をのせて、うつわに盛る。

s ガーリックシュリンプ

《材料》エビ（ブラックタイガー）15尾　玉ねぎ¼個　A［おろしにんにく・おろししょうが各小さじ½　しょうゆ大さじ2　オリーブ油大さじ2］　バター15g

《作り方》❶エビは尾は残して、殻と背ワタを取る。❷ジッパー付きポリ袋に①、すりおろした玉ねぎ、Aを入れてもみ込み、置いておく（できれば2時間以上）。❸フライパンにバターを熱し、②を漬け汁ごと入れ、水分を飛ばしながら炒めて、うつわに盛る。

t まぐろのポキ

《材料》まぐろ（刺身用）1さく　海草（乾燥）5g　紫玉ねぎ¼個　A［和風ドレッシング（市販品）大さじ3　おろしにんにく・七味唐辛子各少々］　万能ねぎ適量

《作り方》❶まぐろは2㎝角に切り、海草は水で戻して水気を絞る。紫玉ねぎは薄切りにし、酢水（分量外）に10分さらして水気を絞る。❷①とAを混ぜ合わせ、冷蔵庫で味をなじませたら、うつわに盛り、小口切りした万能ねぎを散らす。

Recipe

P 18 - 19

y 炙りしめ鯖

《材料》しめ鯖半身分　しょうがの甘酢漬け20g　貝割れ大根少々

《作り方》❶しめ鯖をそぎ切りし、バーナーで炙る。（バーナーがない場合は串で刺して直火で炙る）❷うつわに①を盛り、しょうがの甘酢漬けと貝割れ大根を添える。

z ソーセージのワンタン包み焼き

《材料》ワンタンの皮８枚　ミニソーセージ８本　A［ケチャップ大さじ1　ラー油適量］

《作り方》❶ワンタンの皮をソーセージの幅に合わせて切る。❷①にソーセージをのせ、Aを混ぜたものを塗り、皮で巻いて、小麦粉を溶いた水（分量外）で巻き終わりを留める。❸少量のサラダ油（分量外）を熱したフライパンで②を転がしながら、皮がキツネ色になるまで焼き、うつわに盛る。

w いかとオクラのあえもの

《材料》いか（刺身用）30ｇ　オクラ2本　わさびじょうゆ少々

《作り方》❶オクラはゆでて氷水にさらし、水気を拭いて輪切りにする。❷いかは1㎝角に切る。❸①と②を混ぜ合わせ、うつわに盛り、わさびじょうゆをたらす。

x なすのおひたし

《材料》なす1本　めんつゆ（3倍凝縮）適量　おろししょうが少々

《作り方》❶なすは皮をむき、ラップをして電子レンジで3分加熱して、冷ます。❷①を縦8～10等分に切り、うつわに盛り、めんつゆをかけ、しょうがを上に添える。

①色絵《いろえ》サギ文五寸稜花《りょうか》皿・坂場圭十作・各3990円・径15×高さ2.5㎝／宙SORA　②白磁桔梗型《はくじききょうがた》小鉢・村田森作・各3150円・径8.5×高さ5㎝／utsuwa-shoken onariNEAR　③五弁花唐草小付《ごべんはなからくさこづけ》・各599円・径8.5×高さ3.5㎝／私の部屋 自由が丘店　④サクラのお盆・隅田朋之作・各10500円・径31㎝／田園調布いちょう　⑤箸rikyu・富井貴志作・各2100円／うつわ謙心　⑥泡影《ほうよう》 泡たま・五十嵐智一作・4200円／うつわ楓　●茶色小鉢、グラス／著者私物

Shop List

この本にご協力いただいたお店・作家・製造元をご紹介します。

＊作家名は敬称略。　＊2011年1月現在の情報です。

実店舗　Web Shop

Abundante　アバンダンテ

今のスタイルに合うシックで上質なもの、旬な和モダンの作品などをセレクトしたウェブショップを展開するほか、うつわの使い方を紹介するクッキング＆コーディネートレッスンも主宰。うつわとの親しみ方をトータルで提案しています。＊主な取り扱い作家　青木良太、横山拓也、市川孝、竹内紘三、中尾万作、鳥山高史、富井貴志、土井宏友、岩清水久生

・住所／兵庫県芦屋市精道町5-3-301
・電話／0797－25－0862
・営業時間／11:00 ～18:00
・定休日／日曜・祝日（企画開催時など不定休あり）
・HP／http://www.abundante.jp/
http://utsuwalife.exblog.jp/

実店舗　Web Shop

Allegory HomeTools　アレゴリー ホームツールズ

コンセプトは“いつか使ってみたいもの、いつも使っていたいもの”。うつわを中心に、インテリア小物からバスグッズまで揃い、センスのよい働き者の生活道具が見つかります。調理に使えてそのまま出せる耐熱陶器など、フルに使えるアイテムが、気軽に買える価格なのもうれしい。＊主な取り扱い作家　安藤寛泰、マツザキタカシ、月日工藝

・住所／東京都渋谷区恵比寿西1-32-29-102
・電話／03－3496－1516
・営業時間／12：00～20：00
・定休日／水曜不定休（HPにてご確認下さい）
・HP／http://www.allegory.co.jp/

実店舗

Ékoca　イコッカ

陶器、織物、木工など、ミニマムなデザインに凛とした美しさが感じられるÉkocaの作品たち。“あまり他店で扱いがなく、自分と共感できる作家を紹介したい”と話す店主は、一人一人の作家と長く付き合い、作品の変化の過程を楽しんでもらえるような提案も。＊主な取り扱い作家　太宰久美子、戸田文浩、河上智美、鳥山高史、岩本忠美、伊藤満、佐々木要

・住所／東京都渋谷区恵比寿南1-21-18 圓山ビル2階
・電話／03－5721－6676
・営業時間／12：00～19：00
・定休日／日曜・第2、3月曜（祝日の場合は翌火曜休み）
・HP／http://www.ekoca.com

実店舗

うつわ楓　うつわかえで

限られたスペースながらも、見やすくディスプレイされた作品の数々は、料理の邪魔をせず、他のうつわとも合わせやすいものばかり。ガラス・漆など、素材違いのものを組み合わせるコツなどもアドバイスしてもらえます。＊主な取り扱い作家　井内素、尾形アツシ、西川聡、額賀章夫、村上躍、山本哲也、アキノヨーコ、長井均、さかいあつし

・住所／東京都港区南青山3-5-5
・電話／03－3402－8110
・営業時間／12：00～19：00
・定休日／火曜・祝日
・HP／http://utsuwa-kaede.com

実店舗

うつわ謙心　うつわけんしん

テーブルウェア関係の仕事をしていた店主が、“まじめな気持ち”で選んだ、使いやすく食卓が明るくなるうつわを提供しています。3.5坪のこぢんまりとした店では、作家の展覧会のほか、うつわに触れることができる楽しい企画展も開催。＊主な取り扱い作家　苧野直樹、伊藤剛俊、鈴木重孝、萩原將之、橋本忍、水野幸一、富井貴志、蜂谷隆之、ILE8 glass

・住所／東京都渋谷区渋谷2-3-4 スタービル青山2階
・電話／03－6427－9282
・営業時間／11：00～20：00
・定休日／水曜
・HP／http://www.utsuwa-kenshin.com/

実店舗

utsuwa-shoken onari NEAR
うつわしょうけんおなりニア

２年前「うつわ祥見」の常設の空間としてオープン。「なんでもないもの」「偉ぶらないもの」「人のそばにいるもの」をキーワードに、食べる道具としてのうつわを伝えています。NEARという店名には、「うつわが人のそばにあるもの」であってほしいという思いが込められています。＊主な取り扱い作家　石田誠、尾形アツシ、小野哲平、小山乃文彦、巳亦敬一、村木雄児、村上躍、吉田直嗣、鶴見宗次、深田容子、村田森、横山拓也

・住所／神奈川県鎌倉市御成町5-28
・電話／0467－81－3504
・営業時間／常設12：00～18：00・展覧会期間中12：00～19：00
・定休日／火曜・第2、４水曜
・HP／http://www.utsuwa-shoken.com/

・住所／京都府京都市中京区錦小路通室町東入る占出山町299 2階南
・電話／075−708−7822
・営業時間／12：00〜19：00
・定休日／火曜
・HP／http://www.saisai-utsuwa.com

実店舗

H.works エイチワークス

店名「H.Works」のHはhand、手のH。実用的かつ、造形的に美しい作品を紹介しています。陶磁器をメインに竹・漆・ガラス・金属・木の食器のほか、フェルトのテーブルウェアも。月1回のペースで、個展やテーマのあるグループ展も開催。＊主な取り扱い作家　石田誠、河上智美、坂野友紀、須藤拓也、田谷直子、長谷川奈津、宮﨑桃子
・住所／東京都立川市錦町1-5-6 サンパークビル202
・電話／042−521−2721
・営業時間／11：00〜19：00
・定休日／月曜・日曜
・HP／http://www.h-works04.com

作家

加藤かずみ かとうかずみ

淡くやわらかな色合いとマットな質感、シンプルなフォルムが、独特の世界を作り出している若き女性作家・加藤かずみさん。愛知県瀬戸市の窯業訓練校を卒業し、現在は東京都八王子で作陶しています。薄手で透明感のあるうつわは、磁器でありながら深い味わい。
・主な取り扱い店／黄色い鳥器店（東京都・国立）、ヒナタノオト（東京都・日本橋）、くらすこと（東京都・杉並）　他
・HP／http://buttercups.web.fc2.com/
（HP上での販売はしておりません）

実店舗

karako カラコ

日本をはじめ中国・韓国・バリなど、アジアの伝統的な素材やモチーフをもとに、現代的なアレンジを加えた雑貨や家具が人気。全国に20店舗を構え、うつわのほかインテリア関連の商品も豊富です。食卓周りのグッズとしては、うつわのほかにカトラリーやランチョンマットなども種類が多く、値段も手頃なのでセットで揃えることができます。
・住所／東京都目黒区自由が丘1-25-9
セザーム自由が丘ビル1・2階
・電話／03−3717−5965
・営業時間／11：00〜20：00
・定休日／元日・2月、8月不定休
・HP／http://www.sgm.co.jp

実店舗

うつわSouSouー爽々ー うつわソウソウ

白くすっきりとした店内の「うつわSouSou」は、“食器でありながらそれ以上の何かを感じさせてくれる”素敵な作品と出会える空間。オリジナリティ溢れる企画展や、人気作家の個展にも注目を。＊主な取り扱い作家　安部太一、石岡信之、大江憲一、高田かえ、谷井直人、田鶴濱守人、角掛政志、中田正隆、野口淳、野村亜矢、新田佳子、早崎志保
・住所／愛媛県松山市溝辺町274-1 パイオレットマンション1階
・電話／089−977−8594
・営業時間／11：00〜19：00
・定休日／月曜（祝日の場合は翌火曜休み）
・HP／http://sousou.biz

Web Shop

器と暮らしの道具OLIOLI
うつわとくらしのどうぐオリオリ

家事が楽しみになったり、お茶が癒しの時間になったりと、日常に小さな幸せを与えてくれるのもうつわの魅力。人とうつわをつなぐ架け橋になることをテーマに、土のあたたかみが感じられる陶器を中心に扱っています。＊主な取り扱い作家　余宮隆、大沼道行、奥田章、原田七重、今野安健、村上直子、遠藤素子、金井啓、山本泰三、馬場勝文、馬渡新平
・HP／http://www.oli-oli.net

実店舗　Web Shop

うつわ屋kiki うつわやキキ

店主が全国を旅しながら集めているのは、ほっとするような白い皿や、こてこてと飾らない美しい鉢、そして土や炎・自然の力を感じることのできる手仕事の道具たち。毎日の暮らしに寄り添う、力強いうつわの数々に魅了されます。＊主な取り扱い作家　川口武亮、松原竜馬、角田淳、小澤基晴、安齋新・厚子、広川絵麻、余宮隆、楠田純子
・住所／静岡県伊豆の国市田京375-4
・電話／0558−76−1365
・営業日、営業時間／実店舗　水〜金曜 11:00〜15:00
WEBショップ電話問い合わせ　月〜金曜 9:00〜16:00
・HP／http://www.la-lala.net/

実店舗 器や彩々 うつわやさいさい
Web Shop 器さわらぎ うつわさわらぎ

2010年9月、京都市内に実店舗をオープン。ウェブショップより早く商品が見られ、またウェブでは取り扱いのない作家や作品も並びます。表情豊かな土ものの和食器や、やさしい雰囲気の女性作家のうつわなどがおすすめ。＊主な取り扱い作家　阿部誠、石岡信之、小野愛、石崎麗、林さとみ、村上直子、八木橋昇、余宮隆、岡崎順子、本間あつみ

・住所／愛知県名古屋市名東区藤森2-285-1
・電話／052−777−0556
・営業時間／10：00〜19：00
・定休日／水曜
・HP／http://www.marumitsu.jp/c/couvert.html

実店舗　Web Shop

QupuQupu　クプクプ

どっしりとした骨太のうつわから、遊び心のある女性作家のカップやオブジェまで、店主のこだわりで選んだ暮らしのものたち。月に4日間オープンする実店舗は作品に溢れ、手作りのものに囲まれる幸せを感じられます。＊主な取り扱い作家　大谷哲也、大野素子、十河隆史、鈴木正彦、高島大樹、野口淳、村上直子、黒木泰等、余宮隆、富井貴志
・住所／大阪府大東市諸福1-8-2
・電話／072−806−2878
・実店舗 営業日、営業時間／第2金曜・土曜・日曜 11：00〜17：30
・ウェブショップ　定休日／日曜
・HP／http://www.qupuqupu.com

実店舗　Web Shop

暮らしのうつわ 花田　くらしのうつわはなだ

「料理が主役、うつわは脇役」という考えのもとに、九段下に店を構えて今年で開店33年目になる老舗店。常時約700点を展示し、200名にも及ぶ作家一人一人と直接やり取りをしながら、オリジナルのうつわを作り出しています。
＊主な取り扱い作家　正木春蔵、岩舘隆、林京子、岡本修、花岡隆、イム・サエム、岡田直人、岩永浩、中山孝志
・住所／東京都千代田区九段南2-2-5 九段ビル1・2階
・電話／03−3262−0669
・営業時間／平日10：30〜19：00・祝日11：00〜18：30
・定休日／日曜
・HP／http://www.utsuwa-hanada.jp/index.php

Web Shop

Creema　クリーマ

ハンドメイド作品を自由に売買できる日本最大級のオンラインマーケット。陶芸品・雑貨・アクセサリーなど、全国で活躍する数百名の作家の作品が常時4000点以上出品されています。個性豊かな手作り作品の中からお気に入りを探してみては。
＊主な取り扱い作家　wakka ARITA、のぐちみか、chora、hitoha、soranoutuwa、丹下郁、Wabito、elinaなど。
・HP／http://www.creema.jp/

実店舗

吉祥寺PukuPuku　きちじょうじプクプク

日本のアンティーク食器専門店で、古美術商のオーナーが買い付ける明治〜大正時代を中心とした「100年前の日本の器」が並びます。染付を中心に、明治以降に生産された印判《いんばん》の小皿も多く、こちらは300〜500円と手頃。当時の味わいある絵柄や色合いは、和洋どちらの料理にも使いやすいので、アンティーク初心者におすすめ。
・住所／東京都武蔵野市吉祥寺本町4-13-2 千ハイツ
・電話／0422−27−5345
・営業時間／11：30〜19：30
・定休日／水曜（祝日は営業）
・HP／http://pukupukukichi.blogspot.com/

Web Shop

K's table　キッステーブル

シンプル・カジュアル・モダンをベースに、盛り付けたときに料理が美しく見えるうつわを紹介。さりげなく個性が光る陶器の数々や、ガラス・木工・金工の作品など、手にしたときに心地よさが感じられ、料理も楽しくなるようなうつわを見つけることができます。＊主な取り扱い作家　長峰菜穂子、余宮隆、原田晴子、荒賀文成、隅田朋之など
・HP／http://kstable.jp/index.html

実店舗　Web Shop

クイジーヌ・ハビッツ　恵比寿店
クイジーヌハビッツえびすてん

うつわやワイングラスなどのテーブルウェアをはじめ、エプロン、ボウル、エコな洗剤など、機能的でおしゃれな家事雑貨が購入できるセレクトショップ。また、ブーツやボーダーシャツなど、飽きのこないファッションアイテムも人気商品です。ショップのトレードマークの、スプーンとフォークの絵柄がキュート。
・住所／東京都渋谷区恵比寿南1-5-5 アトレ恵比寿5階
・電話／03−5793−3045
・営業時間／10：00〜21：30
・定休日／不定期（ビルに準じます）
・HP／http://cuisinehabits.com

実店舗

couvert à la maison
クーヴェール・ア・ラ・メゾン

マルミツ陶器のオリジナルブランドstudio m'の直営店として、シンプルでぬくもりあるテーブルウェアを中心に販売。隣の「食堂ペコリ」ではstudio m'のうつわでランチやカフェが楽しめます。さらにその並びでは、オリジナルファブリックブランドm'plusを扱う「ボビン」を展開。オーダーカーテンやかわいい洋服も。＊主な取り扱いブランド　Studio m'

＊主な取り扱い作家　有川京子、イイホシユミコ、桑原哲夫、廣島晴弥
・住所／東京都港区南青山5-6-23 スパイラル2階
・電話／03－3498－5792
・営業時間／11：00～20：00
・定休日／無休
・HP／http://www.spiral.co.jp/

製造

薗部産業株式会社
そのべさんぎょうかぶしきがいしゃ

木製品・漆器・小田原漆器の製造販売を一貫して手掛ける木工ブランド。日本の美しい水と四季に育まれた、堅く引き締まった広葉樹の素材を使用。親方と若い職人達が、最高の刃物を使って職人の技を結集させた、メイドインジャパンの製品が魅力です。
・主な取り扱い店／伊勢丹、高島屋、三越など各百貨店　他
・住所／神奈川県小田原市桑原867-8
・電話／0465-37-5535
・HP／http://www.konomi-net.com

実店舗

宙SORA　そら

店主が魅かれる“のびのびとした気持ちのよいうつわ”をテーマに、現在約50人の作家の作品を扱っています。最近は丈夫で使いやすい磁器の品揃えも充実し、陶器と合わせてバランスよく使う方法なども提案しています。＊主な取り扱い作家　岩本忠美、内田鋼一、加藤財、上泉秀人、高橋禎彦、内藤美弥子、橋口信弘、蜂谷隆之、さかいあつし
・住所／東京都目黒区碑文谷5-5-6
・電話／03－3791－4334
・営業時間／11：00～19：00
・定休日／火曜・水曜
・HP／http://tosora.jp

実店舗　Web Shop

代官山 暮らす。 by room+J design
だいかんやまくらすバイルームジェイデザイン

「日本の手仕事」にこだわり、若手の作家を中心に日々の食卓で使いやすい作品を全国から集めています。伝統をベースに現代性を感じさせるうつわは、ギフト・引出物としても好評。＊主な取り扱い作家　出町光識、石崎麗、小野鉄兵、川合孝知、村上修一、大友健司、坂有利子
・住所／東京都渋谷区猿楽町20-13 メゾン三景101
・電話／03－3477－0723
・営業時間／12：00～20：00（日曜・祝日は19：00まで）
・定休日／水曜（祝日の場合は翌日休み）
・HP／http://www.room-j.jp

実店舗　Web Shop

zakka土の記憶　ザッカつちのきおく

まさに「土の記憶」を形にしたような、存在感のある陶器のうつわが象徴的。また、木やガラスなど素材感を生かした作品や、使いやすく暮らしに馴染む雑貨もあります。量産品とは違う、長く愛着のわく道具を紹介したいという店主の思いが伝わります。＊主な取り扱い作家　馬渡新平、松原竜馬、和田麻美子、小澤基晴、原田晴子、原田七重、川口武亮
・住所／東京都杉並区阿佐谷南1-34-7
・電話／03－3311－6200
・営業時間／11：00～19：00
・定休日／火曜・水曜
・HP／http://www.tutinokioku.com/

実店舗　Web Shop

サボア・ヴィーブル

多くの手間と時間がかけられた、デザイン性の高いうつわやインテリア小物など、身近なアートのような素敵な作品に出合えます。作家のアートの心が宿る個性的なうつわも、実際に使って、普段の食卓に変化をつけてみては。＊主な取り扱い作家　平川鐵雄、北野敏一、九谷青窯、松岡洋二、松岡装子、竹本亜紀、大迫友紀、矢沢光弘、東日出夫、鎌田克慈
・住所／東京都港区六本木5-17-1　AXISビル3階
・電話／03－3585－7365
・営業時間／11：00～19：00
・定休日／無休
・HP／http://www.savoir-vivre.co.jp/

実店舗

SHIZEN　しぜん

2006年に「うつわ楓」の姉妹店としてオープン。窓の大きい広い店内は居心地がよく、ゆっくりとうつわを選ぶことができます。また、ディスプレイに使っている什器なども購入でき、鉄製の作品やアンティークなど、他にはない魅力的な商品も多数。＊主な取り扱い作家　木村きっこ、清岡幸道、島るり子、土井善男、サブロウ、木工くさなぎ、柏木江里子
・住所／東京都渋谷区千駄ヶ谷2-28-5
・電話／03－3746－1334
・営業時間／12：00～19：00
・定休日／企画展搬入出日（HPにてご確認ください）
・HP／http://utsuwa-kaede.com/shizen

実店舗

Spiral Market　スパイラルマーケット

昨年で25周年を迎えたスパイラルマーケット。“エターナルデザイン”をコンセプトに、生活にとけ込みやすく長く愛用できる約6万点のアイテムを国内外からセレクトしています。

Web Shop

陶磁セレクションOHANA
とうじセレクションオハナ

ウェブショップを通して、より多くの人達にうつわや作家との出会いの場を提供したい、という思いからスタート。色絵の美しい皿や鉢、酒器や、粉引《こひき》の茶器、個性的なフラワーベースなど、品よく華やかさのあるうつわが人気です。＊主な取り扱い作家　新井倫彦、坂場圭十、鈴木環、高橋春夫、黒田隆、小林政美、Bijoux87、清水なお子、土井善男

・HP／http://www.ohana-mito.jp

実店舗

poooL　プール

水たまり（pool）にちなんだ店名「poooL」の「o」が1つ多いのは、小さな違和感を大切にしたいという気持ちから。水たまりの水が土に染み込むように、暮らしに馴染む、そんなうつわが待っています。＊主な取り扱い作家　西川美穂、松岡装子、irodori窯、モノエ、二象舎、Ayame

・住所／東京都武蔵野市吉祥寺本町3-12-9 潤マンション105
・電話／0422－20－5180
・営業時間／12：00～19：00
・定休日／月曜・火曜（それぞれ祝日の場合は水曜休み）
・HP／http://poool.jp/

Web Shop

from the earth　フロム・ジ・アース

店主が道内をめぐり出会った、北海道在住の人気陶芸作家のウェブショップ。目を引くのは、土の味わいとキュートでかわいいデザインがマッチした、乙女心をくすぐるうつわたち。どの作品にも北の大地ならではののびやかさが感じられます。＊主な取り扱い作家　ケイト・ポムフレット、佐藤あかり、島田知子、柴田睦子、新谷由香里、中村瑞絵

・HP／http://www.utsuwa-earth.com/

実店舗

Promenade　プロム・ナドゥ

古道具、雑貨、そしてうつわと、店主が好きなものを好きなように並べたという店は、吉祥寺・井の頭公園近くの静かなたたずまい。味わいある古道具や洗練されたうつわが並ぶ中で、使い道を想像しながらゆっくり選ぶことは、うつわ好きの最高の贅沢。＊主な取り扱い作家　安達剛、岡田直人、五月女寛、富山孝一、水垣千悦、吉田直嗣、渡邊浩幸

・住所／東京都武蔵野市御殿山1-8-9 ParkHouse90-105
・電話／0422－71－1826
・営業時間／11：00～19：00
・定休日／水曜
・HP／http://www18.ocn.ne.jp/~prom/

実店舗　Web Shop

千鳥　ちどり

料理研究家でもある店主がセレクトするうつわは、料理を引き立てる控えめなものばかり。丈夫で使い込むほどに味わいを増す、普段づかいのうつわです。ウェブショップにも力を注ぎ、実際に料理を盛った写真は、イメージがわきやすいと好評。＊主な取り扱い作家　安土草多、阿南維也、今野安健、清水なお子、志村睦彦、田宮亜紀、馬渡新平、余宮隆

・住所／東京都千代田区三崎町3-10-5 原島第二ビル201A
・電話／03－6906－8631
・営業時間／12：00～18：00
・定休日／不定休
・HP／http://chidori.info

作家

坪井恵美子　つぼいえみこ

女性らしい、やさしい印象の作品を生み出している女性作家・坪井恵美子さん。磁器やベージュの土のうつわをメインに制作しています。無地の他、植物や鳥をモチーフとした柔らかい色合いの絵付け等も定番で作っています。京都府立陶工高等技術専門校・京都市工業試験場修了後、大田区にて作陶。

・HP／http://www.emikotsuboi-pottery.blog.ocn.ne.jp
（メールでの注文制作もしています）

Web Shop

手仕事の器キナリノ　てしごとのうつわキナリノ

店名の「キナリノ」は“生成りの生地のように飾らないこと”という意味。その名の通り、気取らず飽きのこないうつわを、ウェブで紹介しています。粉引《こひき》、焼《や》き締《し》め、鉄釉《てつぐすり》など、無地でシンプルながらも、デザインや色味のバリエーションはさまざまです。＊主な取り扱い作家　石川若彦、大江憲一、小澤基晴、角田淳、増永典子、松原竜馬、松村英治

・HP／http://www.kinarino.com/

実店舗　Web Shop

田園調布いちょう　でんえんちょうふいちょう

開店当初より“和食にも洋食にも合い、おしゃれで雰囲気のあるもの”をコンセプトに展開し、田園調布の地で愛され続けているショップ。食卓に彩りや奥行きを生むうつわ選びのアドバイスとともに、上質なうつわをリーズナブルな価格で提供。＊主な取り扱い作家　有松進、牛尾範子、住田文生、工房あめつち、石川昌浩、落合芝地、福田敏雄、村田森

・住所／東京都大田区田園調布3-1-1 ガデス田園調布ビル2階
・電話／03－3721－3010
・営業時間／11：00～18：00
・定休日／日曜
・HP／http://www.ichou-jp.com

見るのもまた楽しみ。季節ごとの料理に合わせた作品を、直接作家と相談しながら作り、求めやすい価格で販売しています。＊主な取り扱い作家　伊藤聡信、大江憲一、小沢賢一、櫻井亜希子、小嶋亜創、清水なお子、蜂谷隆之
・住所／東京都町田市原町田2-10-14-101
・電話／042-727-7607
・営業時間／12：00〜19：00
・定休日／不定休
・HP／http://www.momofuku.jp/

Web Shop

monsen　モンセン

どことなくポップな雰囲気のWEBデザインがかわいらしい、「器のセレクトショップ」。モダンな磁器や人気のホウロウポット、キュートな箸置きなど、和洋折衷の今時なキッチン＆食卓に似合う道具がわかりやすく紹介され、見ているだけでも楽しめます。＊主な取り扱い作家　中井窯（坂本章）、小鹿田焼（坂本工）、白山陶器、野田琺瑯
・HP／http://www.monsen.jp/

実店舗

l'Outil　るてぃ

まるでギャラリーのようなおしゃれなショップは、昨年8月のオープン。機能的で見た目に美しい日々の道具を基本としつつ、アートな個展も積極的に開催。海外の作家のうつわやユニークなオブジェなど、ここでしか出会えない作品も。＊主な取り扱い作家　ナタリー・ラハデンマキ、森岡希世子、坂本和歌子、中野雄次、開化堂、鎌田克慈、植埜貴子
・住所／東京都渋谷区恵比寿2-4-2#102
・電話／03-3444-2555
・営業時間／12：00〜20：00
・定休日／月曜・火曜
・HP／http://loutil.jp

実店舗

私の部屋 自由が丘店
わたしのへや じゆうがおかてん

だれもがちょっと憧れる、上質で清潔感のあるライフスタイルを提案し続けている「私の部屋」。日本ならではの四季のモチーフを取り入れ、カジュアルな雰囲気も残したうつわは、センスよく価格も手頃な人気商品。伝統的な時節の行事などに関連したグッズなども豊富で、いつ訪れても飽きさせないアイデアや商品に溢れています。
・住所／東京都目黒区自由が丘2-9-4 吉田ビル1階
・電話／03-3724-8021
・営業時間／11：00〜20：00（土曜・日曜・祝日は19：30まで）
・定休日／不定休
・HP／http://www.watashinoheya.co.jp

実店舗

間・Kosumi　ま・こすみ

陶器、布、ガラス、金属の新旧の道具など、衣食住に関わるものを通して、日常の些細なことを大切にした暮らし方を提案しています。常設ショップと月1度の展覧会の他、金繕いのワークショップ、カフェ、パンや野菜のおいしいもの市など、参加型の楽しいイベントも企画。＊主な取り扱い作家　伊藤丈弘、郡司庸久・慶子、川口江里、三苫修
・住所／東京都中野区東中野4-16-11 アクシルコート東中野2階
・電話／03-3360-0206
・営業時間／平日12：00〜19：00、日曜・祝日12：00〜18：00
・定休日／月曜・火曜
・HP／http://kosumi.dip.jp/

実店舗　Web Shop

Madu青山店　マディあおやまてん

食器を中心に、国内外の雑貨や家具を紹介してきた「Madu」も2010年6月で17年目。現在は13店舗を展開。植物をモチーフとした和食器、色彩豊かなヨーロッパの輸入食器と、いろいろな文化がミックスされた「Madu」独自の世界は今も新鮮です。＊主な取り扱い作家　岩瀬弘二、城進、煌陶窯（星野晃一・さおり）、石井真行、柴本耕志、古谷浩一
・住所／東京都港区南青山5-8-1 セーヌアキラ1階
・電話／03-3498-2971
・営業時間／11：00〜20：00
・定休日／年末年始
・HP／http://www.madu.jp/

実店舗　Web Shop

木工房 玄　もっこうぼうげん

クリ・サクラなどの日本の広葉樹から、家具やうつわ、カトラリーなど、あらゆる木工製品を作り出す職人・高塚和則さん。工房に併設された展示・販売のスペースでは、実際に商品を手に取ったり購入したりすることができます。"人に優しさを与えてくれる"という自然素材の道具。スプーンやトレイなどの小物から揃えてみては。
・住所／栃木県塩谷郡塩谷町田所2077-1
　　カーペンターワールド内
・電話／0287-45-2007
・営業時間／8：30〜19：00（その時々で変わります）
・定休日／原則日曜（事前連絡が必要）
・HP／http://gen-woodwork.com/

実店舗　Web Shop

ももふく

普段の食事をごちそうにしてくれるのは、作家が思いを込めて作ったうつわ。使い込むほどに味わいが増す、その様子を

遠藤文香

Fumika Endo

1979年愛媛県生まれ、津田塾大学英文学科卒業。2007年、エコールエミーズ プロフェッショナルコースに入学、2008年6月、ディプロマを取得。同年秋よりフードスタイリストとして、雑誌やウェブサイトでのレシピ提供やフードスタイリング、パーティーイベントの調理などを中心に活動を始める。スタイリング担当本は、『笠原将弘のかんたん和ごはん』『笠原将弘　和食屋のおかず汁１０１』（小学館）ほか。
食べたときに、おいしくてちょっと驚きのある家庭料理と、心あたたまるテーブルスタイリングでおもてなしするのが大好き。

料理・スタイリング	遠藤文香
撮影	回里純子
フラワーアレンジメント	宮崎いくみ
編集協力	小島朋子、糸井千晶（ダグハウス） 関由都子、井伊左千穂、小長井絵里
デザイン	佐々木恵実（ダグハウス）
イラスト	小春あや

参考文献

『器に強くなる』『器を楽しむ』
『和の器』／世界文化社
『やきものの見方・楽しみ方』
／主婦の友社
『「和」の食』／オレンジページ
『いまどき 和の器』／高橋書店
『暮らしの器』／学習研究社

毎日のうつわ

2011年2月25日　第1刷発行

著　者　遠藤《えんどう》文《ふみ》香《か》
発行者　友田　満
印刷所　図書印刷株式会社
製本所　図書印刷株式会社
発行所　株式会社 日本文芸社
〒101-8407　東京都千代田区神田神保町1-7
TEL　03-3294-8931（営業）03-3294-8920（編集）
振替口座　00180-1-73081
Printed in Japan　112110205-112110205 Ⓝ 01
ISBN978-4-537-20877-1
URL http://www.nihonbungeisha.co.jp/

編集担当　石原